松本美奈/貝塚茂樹/西野真由美/合田哲雄
[編]

特別の教科
道徳
Q&A

MORAL EDUCATION Q&A

ミネルヴァ書房

はしがき

おとなは「道徳」が好き

日曜日の朝、六歳の息子と一緒に子ども向けのスーパー戦隊番組を見ていました。

我らがヒーローは、仲間を思う気持ちが強すぎて、ついきつい口調で一人の態度をなじってしまい、そっぽを向かれたのです。仲間がとりなすもののうまくいかず、戦隊は分裂の危機に。そこへ、破壊的な力を持つ悪者が迫り来る。全員が力を合わせなければ倒せる相手ではないのに、さてどうなる?

ところが、恐るべきその悪者にも葛藤がありました。人間の自由を奪い、支配しようとする悪の親玉を父親に持ちながら、実はかつて人間として暮らした過去があり、そのころ自分を支えてくれたさまざまな人たちと、父への思いの間で苦しみ、悩んでいたのです。「自分らしく生きたい」。ヒーローたちの前で、そんな悪者らしくない胸の内が吐露されて……。

そのとき、私ははたと気づきました。

「おとなは道徳が好きなんだ。それが番組にこめられているんだ」

筆者には息子の他に、二一歳と一五歳の娘がおり、自分自身の経験も含め、かなりの年月を子ども向けのアニメやヒーロー、ヒロイン番組と向き合ってきました。それなのに、お粗末ながら、ずっと気づきませんでした。

勧善懲悪、仲間との友情、親への思い、自由な発想の大切さ、平和の尊さ、敵とも心を通わす博愛……。子ども向け番組には、道徳的な要素が満載だったのです。

戦隊ものは一見、道徳的には映りません。まず基本は「戦い」で、倒される敵の末路は、たいてい「爆死」。すさまじい爆音と閃光の中、こっぱみじんになる。非常に残酷です。そんなシーンが毎回の番組の大団円で現れ、ヒーローたちの笑いで幕を閉じる。「爆死」が現実であれば、新聞なら間違いなく一面トップとなる大事件。必ず誰かを爆死させての「平和」とは、たとえ相手が悪としても、危うい発想だと思います。

さらに、戦隊ものに限らず、ヒーローやヒロインが使う小道具が年を経るごとに増えているのも気になります。小道具はすぐに、おもちゃやお菓子として商品化されます。子どもの人口が減ったため、少しでも刺激を多くして売り上げを伸ばしたいというスポンサーや、スポンサーを喜ばせようとする番組制作者などの打算が前面に出ているようで、個人的にはいやらしささえ感じます。看過できない部分もあるのです。

それでも親たちは、私のように、子どもたちに番組を見せてきました。戦隊シリーズはもう四〇年以上も続いています。番組の底流にある「道徳」のにおいに、どこか安心できる要素を嗅ぎ取っているのでしょうか。

「道徳の授業」にはアレルギー

二〇一五年の学習指導要領の一部改訂で、「道徳」が「特別の教科」に変わることになりました。正確に書くと、「全面実施」は小学校が二〇一八年、中学校が二〇一九年で、しばらくは移行期間です。教科化への文部科学省内の議論は、陰湿ないじめによる悲しい事件が次々に起きたことから始まりましたが、この動きを奇妙に思った方も多かったはずです。なぜなら、小中学校ではすでに道徳の授業が行われてきたからです。それも、一九五八年からなのです。授業はあるのに、「教科」ではなかったのか。教科化が明らかにされて初めて気づいた、という声をよく聞きます。「教科」の定義とは、教科書があり、学びの成績を評価し、専門の教員免許があるものだそうです。道徳がその蚊帳の外だったことを知る人がどのぐらいいたでしょう。私自身、全くの無知。関心を抱いたこともありませんでした。

関心の薄さは、教師も同じです。道徳を軽く扱い、あるいは厄介者として冷遇してきました。道徳の時間を国語や算数、数学や英語に振り替えたり、「道徳的学級会」に使ったりする学校が珍しくありませんでしたが、それでよしとされていたことは、親たちの言葉にも表れます。

ある日、中学生の子どもを持つ親の集まりに出かけ、道徳の特別教科化の話を持ち出してみました。すると予想通り、居合わせた人は全員、「今でも授業をしているのに、なぜ」といいました。教科の定義を伝えると、今度は成績評価に質問が集中し、「内申書に書かれるのかしら」「(評定平均値の換算方法が変わる)主要教科扱いになるのかな」など、受験への影響を懸念する声が一斉に出ました。そして行き着いたのが、「誰が授業するの?」「果たして先生が生徒の人間性を評価していいの?」「わざわざ時間を費やす必要があるのか」「そもそも道徳って何?」といった「そもそも論」でした。

見知らぬテレビ制作会社が作った「道徳的」番組には、ためらいもなく子どもを委ねてしまうのに、同様の「価値項目」を含む「授業」を、学校でよく知っているはずの担任の先生が行うとなると、眉間にしわを寄せ、頑なになるのです。

私もかつては「道徳」に嫌悪感を抱いていました。

同級生に無視されたり、教材や靴を隠されたりのいじめに遭い、不登校を繰り返していた小中学生時代、とりわけ憎んでいたのは、「道徳の時間」でした。クラスの中で「シカト(無視)」が起きているにもかかわらず、担任の教師はただ、「わかる気がする、仲間だもんな～」といったテレビ番組のテーマソングを流し、「友だちとは仲良くしましょう」「思いやりを持って」などと話していました。現実に目をつぶり、お題目を唱えるだけの空虚な時間。それが、私の「道徳」との出会いだったのです。

ところが、記者として現場を取材した授業は全く異なっていました。子どもの困難に目をこらして何度も授業案を練り直し、本音を引き出して語り合おうとする教師がいました。窓ガラスや鏡を割ったり、校内で喫煙したりする生徒がいた中学校では、生徒対象はもちろん、夜、親たちも集めた道徳の授業をしていました。子どもたちが直面している現実を、単なる説教ではなく深く考える時間にしていたのです。なぜこんな問題が起きるのか、人間は他者を踏みつけないと生きていけないのか、どうしたら解消できるのか――と。

「育てたいのは『鉄人28号』ではなく、『鉄腕アトム』」。そんな話をしてくれた小学校の教師もいました。リモコンを持つ人の操作次第で強い力の矛先を容易に変える鉄人28号に対し、自ら「なぜ?」と問い、「どうしたらいいのだろう」と悩み、考えて行動するアトムをこそ育てたいのだと言うのです。

その言葉に、私の長年の嫌悪感がゆるみ、親たちの道徳授業に対する冷淡さへの疑問も少し解けたように思いました。根底にあるのは「断絶」ではないだろうかと。

まず、親たちとの接点にいる教師の間で「断絶」があるように見えます。道徳の授業が得意な教師と、そうではない圧倒的多数の教師と。道徳に関する論文で受賞歴もある熱心な教師の公開授業を取材しに行ったら、参観する同僚は皆無でした。その教師によると、「いつものこと」とか。「道徳」をみんなで考えたいと、これまでに何度も、同僚や地域の学校にも呼びかけて授業を公開してきたそうです。他の地域で道徳に力を入れる教師たちに尋ねても、同じ答えが返ってきました。教師間でも足並みがそろわないのに、「道徳」に関心が薄い、むしろアレルギー反応を示す学校外のおとなを巻き込めないのは、「当たり前」です。

道徳の「専門家」と呼ばれる人たちにも原因がありそうです。

教科化に重要となる教師の養成について、大学などにいまだ十分なプログラムは用意されていませんが、道徳教育の歴史や海外の教育事例を学術的に研究し、論文を発表する「専門家」はいます。取材者として接すると、概して「みんな、道徳の価値はわかっているはずだ」という強い思いこみがあるように感じるのです。

実際、ある「専門家」に向けて、「おとなは道徳が好きなんだ」という冒頭の発見を口にしたら、瞬時に「当たり前でしょ、そんなこと」と答えが返ってきました。道徳は「いいもの」だから「好きで当たり前」、理解できない方に問題がある、とさえ受け止められる勢いでした。おそらくこれまでにもこの手の言葉を多くの聴衆に発してきたのではないでしょうか。道徳への不信感やアレルギーを語るとき、戦前の修身教育のあり方などと絡めた議論がしばしば紹介されますが、実は「みんな、わかっている」という誤解に基づく、専門家群と普通のおとなたちとの間の意識の「断絶」にも原因がありそうなのです。

そうしたおとなの現実が、次の世代に確実に影響しています。

「好き」と「アレルギー」のはざまで

新聞記者として、取材の中心を大学に据えて一〇年近くになります。そこで目の当たりにしてきたことは、私自身が体験した大学とは異なりました。

第一に、学ぶ意欲が乏しい学生が珍しくありません。二人に一人が大学に進む時代、えり好みをしなければどこかの大学に入れるという「全入時代」を迎え、友だちが行くから、親や先生が勧めるから、何となく進学するようになっているからです。その結果、今大学が頭を悩ませている重大な問題の一つが、学生の「剽窃」行為です。一般的にはなじみが薄いかもしれませんが、日本にある八〇〇近い大学のうち、この問題を抱えていないところはひとつもないでしょう。他人の著作物を出典も明らかにせず自分のリポートに使ってしまう「盗用」です。課題を出さないと単位が取れないのに締め切りが迫っている、インターネットで見つけた資料をそのままコピー&ペーストしちゃえ……。

なぜ学ぶのか自問したこともないせいで、目の前に出された課題の意味を考えられない。そもそも原典の著者への敬意がないし、そのような浅ましい行為をすることへの抵抗感も、後で起こるであろう事態への想像力も働かない。それが、道徳的なものには何となく好感を持ちながら、教育としての道徳というと「アレルギー」症状を呈し続けてきた、私たちおとなが育てた子どもの姿なのです。

そんな学生にやる気を起こさせたいと、あの手この手の取り組みをする大学もあります。ある大学の経済学部では、入学直後の「数学」のテストで一定の点数に達しなかった一年生を集め、算数問題を課す授業を行っていました。科目名は「生活数学」。「算数」では学生のプライドが傷つく、「数学」では難しすぎる、という配慮を反映して。

実際は「二＋三＝」で始まる計算問題の勉強です。担当教授は、経済学部に基礎的な計算が不可欠であることを説明し、「コンビニの店員がお釣りを間違えてもわからないと、損するのは君たちだよ」と現実的なメリットを訴えます。かつて受講した先輩も参加し、「この授業のおかげで暗算力が伸び、専門科目でもいい成績がとれるようになった」と効用を語ります。

そんなやり取りをしつつ、一年生は九〇分の授業をフルに計算プリントに向かい、終わると先生や先輩たちが待つ教室の一角で採点を受けます。先生たちは全問正解であれば、大きな花丸をつけて「頑張っているね」と褒め、次はちょっとハードルを上げたプリントに……。そうした半年間の受講の繰り返しで、ついていく自信と計算力。学習意欲が乏しいうえ、テストでふるい分けられ、妙な授業を受けさせられる現状への不満、反発から、当初は机に突っ伏す一年生が目立ちました。それが、先生の話を聞きながら徐々に頭をもたげ、先輩たちの「一緒に頑張ろうよ」という呼びかけで背筋も伸ばすようになるのです。採点に当たった先輩学生も「この授業ですごく変わった。私も頑張れるんだ、と知ったことが大きい」と振り返っていました。

学生に「自信」をつけさせるため、別の大学の准教授は「拍手」を活用していました。担当する授業で、誰かが発言したら他の人は必ず拍手を送るようルールを決めたのです。最初は、討論中心の授業をしたいと考えていましたが、その構想はすぐについえました。「変なことを言ったらみんなに笑われる」などと萎縮して、ほとんど発言はゼロ。このため准教授は、討論の準備学習は必要だけれど、それよりもまず、どんな発言をしてもこの教室では大丈夫という「安心感」を演出することが重要だと考えました。その中で自信を持たせないと、学生は成長する機会すらつかめない、と理解したわけです。

効果はてきめんでした。「ここでなら意見が言える」という学生のはずむ声を通して、「自信を持たせて社会に出してあげたい」という准教授の願いが胸に響き、同時に、小学校や中学校でもこうした取り組みを行っていれば……という感想が去来しました。

民主主義の原点

「同調圧力」が蔓延していると言われています。なんと先日、人気アニメ「クレヨンしんちゃん」にも登場していました。「みんなと同じじゃないと安心できないという日本人特有の気質」だと物知りの子どもが、解説するのです。アニメにこんなせりふが出てきて、子どもが違和感なく受け止める時代なのか、とあっけにとられました。

社会全体が息苦しくなる中で、国が推し進める道徳の教科化に一抹の恐れを抱くのは無理もないことでしょう。けれども、本当に道徳は怖いものなのか、国の思い通りに動く人を育てようとしているのか、自ら学校に足を運んで確認してみたらいかがでしょうか。何なら、授業のお手伝いをしますと提案しては。教師たちも「ここは聖域。かかわりあいはごめん」なんて、くだらない縄張り意識は持たず、どんどん公開してほしいと思います。

家庭の仕事か、学校でやるべきか、という二者択一の問題ではありません。家庭でも、学校の授業でも、という協働の時代を迎えたのだと考えることはできないでしょうか。学ぶ意欲もなく、自信もなく、他者への敬意もないままに社会に出て行こうとする若者を少しでも問題だと思うのなら。そのためには、「特別の教科　道徳」とは何か、の共通認識を持つことが必要です。この本は、まさにその認識のスタート地点とすべく編みました。

道徳教科化の議論は一九五〇年代に起きました。二〇〇六年の第一次安倍政権が再燃させ、三回目の今回、教科化が決まりました。しかし現状のままでは、これまでの道徳と同じように、やはり形骸化してしまうのではないでしょうか。それを懸念します。

豊かになったと言われる日本社会ですが、厳然と貧困はあります。矛盾に満ちた社会をどうしたいのか、自分はどう生きていきたいのか。道徳は学校だけで向き合うものではありません。クラスで先生や同級生らと交わしたやり取りを家庭にも持ち帰り、語り合ってほしい。そこで得たものをまたクラスへ、そしてまた家へと。そんなふうに進めてもらえないかと、子どもたちには期待するのです。

むろん、何より肝心なのはおとなです。この六〇年間、そのあり方を不問に付し、いたずらにアレルギーだけを募らせてきた私たちおとな。「修身科の復活」という批判があるけれど、では修身科とは何だったのでしょう。どれほど恐ろしい内容を含んでいたのでしょう。復活とはどういう状態でしょう。きちんと私たちは疑問を発し、議論してきたのでしょうか。「アンタッチャブル」で思考停止の歴史ではなかったでしょうか。問われているのは、おとなの姿勢です。

「共通認識」をつくるために、この本では、文部科学省の担当官や教育実践に明るい専門家に対し、基礎から掘り起こした質問を重ね、それでも足りない内容は対談の形で盛り込みました。理解の一助になるよう、歴史的な経緯も取り込んでいます。

第1章では、今なぜ道徳教育なのか、授業で重視すべきは「学力」ではないか、というそもそも論と向き合います。第2章、第3章では、「特別の教科」とは何か、これまでとどう違う制度になるのか、実際はどんな授業になるのかを中心にまとめました。第4章は、「アクティブ・ラーニング（主体的な学び）」。前述したように、「学ぶ意欲」は高校でも問題になっています。義務教育を終えた後の学びにそれ以前の学びをどうつないでいくか。そのキーワードは道徳との視点から、私たちがどう関わっていくのかを考えます。

新しい道徳の基本姿勢は「考え、議論する」です。自ら問いを立て、解を求めるために考える。ここがスタートで、またゴールでもあります。解に向けて考え、調べ、同級生や教師と意見を交わし、また考える――親や教師の言いなり、ましてや国の言いなりになる子を育てるのが目的ではありません。おとなの「当たり前」を疑える。それは学びの原点であり、言い換えれば、民主主義の原点ではないでしょうか。自ら考え、質問し、議論し、意思決定に参加する力を育てる。道徳教育のあるべき姿に思いを致すことは、民主主義の基本を守り、発展させることに通じると信じています。

戦後まもない一九四八年に当時の文部省が刊行し、中学、高校で使われた社会科の教科書「民主主義」は、「独裁主義は、民主化されたはずの今後の日本にも、いつ、どこから忍び込んでくるかわからない」と警告しています。だからこそ「人に言われて、その通りに動くのではなく、自分の判断で、正しいものと正しくないものをかみ分けることができるようになること」が、その根本理念なのだとうたい上げています。今に生きる至言でしょう。

二〇一四年秋の道徳教育を巡る中教審答申にあるように、現代社会の価値観はそのころと比較にならないほど多様化し、時にそれが先鋭な対立を招きますが、真理が輝きを失うわけではありません。そう、目指すのは「アトム」です。

繰り返しますが、その場合、問われるのは私たちおとなです。どう生きて、今ここにおとなとして立っているのでしょう。これからどんな世界を築き、子どもたちに渡し、そこでどう生きていってほしいと願うのでしょう。一緒に考えていただけませんか。

読売新聞記者　松本美奈

※原稿料・印税等は、「読売光と愛　復興支援大学等奨学金」に全額寄附します。東日本大震災で被災しながらも自らの手で復興を、と志す若者を支えるための奨学金です。

特別の教科　道徳Q&A　目次

はしがき

〈編者紹介〉

松本　美奈（まつもと・みな）

読売新聞専門委員。全国の国公私立大学を対象に、退学率や卒業率、教育の内容などを尋ねる「大学の実力」調査を初回（二〇〇八年）から担当。秋田支局、社会部、編集委員等を経て現職。『大学の実力』を二〇一一年から毎年、中央公論新社から発行（収益は東日本大震災被災地の学生の奨学金に）。共著に『学生と変える大学教育』（ナカニシヤ出版）、『道徳の時代がきた！』、『道徳の時代をつくる！』（いずれも教育出版）、『ノンエリートのためのキャリア教育論』（法律文化社）など。東京都出身。社会保険労務士。

我が家には、二女一男、犬二頭（いずれも雑種。長野、福島・南相馬で保護）がおります。目の前の次世代と格闘する中で、「教育」とは何か、考え込んでおります。

読者の皆様、お読みになって、どのように感じられたでしょうか。ぜひ、皆様のお声を聞かせてください。末永くおつきあいくださいませ。

貝塚　茂樹（かいづか・しげき）

武蔵野大学教授。一九六三年茨城県生まれ。国立教育政策研究所主任研究官等を経て現職。博士（教育学）。専門は、日本教育史、道徳教育論。著書に『道徳教育の教科書』（学術出版会）、『戦後道徳教育の再考』、『道徳の教科化』（いずれも文化書房博文社）など。

尊敬する勝海舟のように、物事を「公」の立場からリアルに考えることが理想です。好きな言葉は「敬天愛人」。五代目古今亭志ん朝の大ファン。志ん朝落語が醸し出す「粋」な世界に憧れます。

「道徳は、難しいけど、楽しい！」。そんな人が多くなれば、それだけ社会は明るくなると思います。そんな道徳の授業をつくりませんか！

西野真由美（にしの・まゆみ）

国立教育政策研究所総括研究官。学校の創意工夫を生かした道徳教育のカリキュラム開発を支援しています。お茶の水女子大学人間文化研究科助手を経て現職。教育課程審議会委員（一九九七─九八年）、道徳教育推進指導資料作成委員などを務め、道徳科の学習指導要領解説（中学校）作成にも関わりました。共著書に、『国際化・情報化社会における心の教育』（日本図書センター）、『道徳教育論』（培風館）、『道徳の時代がきた！』（教育出版）など。

学校教育は、未来への願いを託せるとても人間的な営みですね。子どもたちが幸せに生きられる未来であってほしい。それは親世代に共通の願いでしょう。学校の道徳教育がその願いの実現に少しでも役立つように、変わることを恐れず前に進みましょう。

合田　哲雄（ごうだ・てつお）

文部科学省初等中等教育局教育課程課長。一九九二年旧文部省入省。福岡県教育庁高校教育課長（二〇〇〇年）、国立大学法人化（二〇〇四年）や学習指導要領改訂（二〇〇八年）の担当、NSF（全米科学財団）フェロー（二〇一一年）、高等教育局企画官（二〇一二年）、研究振興局学術研究助成課長（二〇一三年）を経て二〇一五年一月から現職。その間六年にわたり公立小・中学校のPTA会長として地域活動や学校運営に参画。東京大学、筑波大学及び上越教育大学の非常勤講師として高等教育政策論や教育課程行政特論を担当。論考に「文部科学省の政策形成過程に関する一考察」（『日本教育行政学会年報 No.35』）、共著に『大学の制度と機能』、『大学の運営と展望』（いずれも玉川大学出版部）、『学校を変えれば社会が変わる』（東京書籍）等。

自らの道徳性を内省する日々。今回、貝塚先生、西野先生、松本さんから多くのことを学びました。大人として子どもたちとどう向かい合うかを改めて考えています。

〈執筆者紹介〉

大杉　住子（おおすぎ・すみこ）

文部科学省教育課程企画室長。これまで幼児教育や大学教育、キャリア教育など教育制度を中心に担当。愛媛県教育委員会保健スポーツ課への出向や、UNESCO本部勤務、在イタリア大使館文化・科学アタッシェ等も経て、現在は、二〇二〇年度から始まる新しい学習指導要領づくりを担当。神奈川県出身。

道すがら見つけたタンポポの綿毛に勢いよく息を吹きかけて、ふわふわ飛ぶ様を見て大笑いした直後に、飛んだ綿毛がもとに戻らないことに驚いて泣き始める幼い姪。今度会うときは何を見つけて心動かされるのか、成長の楽しみが仕事の原動力になっています。文部科学省動画チャンネル（mextchannel）に、次期学習指導要領改訂へ向けた解説動画を公開中です。ぜひご覧ください。

栗林　芳樹（くりばやし・よしき）

文部科学省教育課程課教育課程第一係長。これまで教育課程課を中心に主に初等中等教育行政に従事。その間、香川県の公立中学校へ学校現場派遣。一年間社会科の教員として中学三年生の公民を担当。現在は道徳担当として「特別の教科　道徳」の全面実施に向け奔走中。

我が子の行動を注意しながらふと自分の行動を顧みる。道徳の奥深さに日々勉強の毎日です。

イラスト：中村祥子（なかむら・しょうこ）

第１章
どうして今、道徳教育なの？
――未来を創る教育の必要性――

なぜ今さら道徳教育が問題となるのだろう？　そう思われる方も多いかもしれません。そんなことよりも各教科での学びをしっかりしてほしい、グローバル化時代を生き抜く力を身に付けさせてほしい、そういう声が聞こえてきそうです。でも、道徳教育を推し進めようとしていることは、そのような課題解決と決して相反するものではありません。むしろ道徳教育に、いじめや「命の大切さ」など、多くの切実な課題を解決する要としての役割を期待しているからなのです。本章では、これからの時代を創っていくための「考え、議論する道徳」について多角的に解説していきます。多様な価値観と向き合わなければならない時代にあって、高い倫理観をどう育んでいくか。道徳教育の新たな挑戦が始まります。

Q1 今の子どもたちにはどんな未来が待っているの？
（子どもたちが生きる未来社会）

携帯電話やインターネットの普及で、他者との空間的な距離は縮まり、どこにいても誰とでもつながることができるようになりました。日々の生活で必要な情報も、パソコンやスマートフォンを操作するだけで得ることができます。このような今の世の中を、先人たちはどの程度想定することができていたでしょうか。

私たちの身の回りはここ二、三〇年の間でも目まぐるしく変化しています。そして、これからの社会はこれまで以上にその変化の速度が速まることが予想されます。未来を確実に予想することは困難ですが、各種統計などから、ある程度どのような未来が待っているのか想定してみることは可能です。

さらに進む少子高齢化

総務省の統計によれば少子高齢化の進行により、二〇三〇年には我が国の総人口の三割が六五歳の高齢者となり、さらに約五〇年後には総人口が現在より約三割減少、六五歳以上の割合が総人口の約四割に達するといった超高齢社会に突入します。このことにともない生産年齢人口は減り続けます。また、二〇三〇年には、世界のＧＤＰに占める日本の割合は、現在の五・八％から三・四％にまで低下するとの予測もあり、日本の国際的な存在感の低下も懸念されています。

二〇年間で倍になった海外在留邦人

外務省の統計によれば、海外在留邦人は平成二六年度の調査で約百三〇万人となっており、この数は二〇年前の約二倍となっております。また、総務省の統計では、日本で暮らす外国人の数も年々増えており、これらの数は今後さらに増えることが予想されます。

技術革新が変える働き方と社会

さらに、子どもたちが将来就く職業のあり方についても、技術革新等の影響により大きく変化することになると予測されています。人工知能をはじめとする技術革新により職業のあり方だけでなく、身近な生活を含め社会のあらゆる面に変化が及ぶと考えられます。

予測困難な時代を生き抜くための道徳教育

以上、ここで紹介をさせていただいたものは一例に過ぎませんが、今後ますます、将来の社会の変化を予測することが困難な時代となっていくことを御理解いただけたのではないでしょうか。このような時代を前に私たちはどのように生きていくことが求められるのでしょう。また同時に私たちは、新しい時代を生きる子どもたちに何を準備しなければならないのでしょう。しっかりと考えていかなければなりません。

このことは道徳教育も同様です。詳細は次頁以降で解説をいたしますが、学校教育も社会の変化を乗り越え、これからを生きる子どもたちが他者と協働しながら新たな価値の創造に挑み、自ら未来を切り拓いていく力を確実に身に付けることができるように変化をしていかなければならないのです。

ここがポイント

◉今後、将来を予測することがますます困難な時代に突入すると考えられる。
◉予測される社会の変化に対応して、教育も変化していかなければならない。

（栗林芳樹）

Q2 未来を生きる子どもたちはどんな力を身に付ければいいの？

（成熟社会で求められる力）

Ｑ１で見たような予想が困難な未来には、今まで以上に正解のない課題が待ち受けていると予想されます。そして、このような課題の解決は、個人や、前例にのみ倣った方法で立ち向かうだけでは限界があるでしょう。その中では、一人ひとりが多様な価値観の存在を認識しつつ、自ら考え他者と対話しながら、よりよい方向を目指そうとする力が重要となると考えられます。

学校教育において身に付けるべき力

平成二八年一二月に取りまとめられた中教審答申では、これからの時代に求められる人間のあり方として、「自ら知識を深めて個性や能力を伸ばし、人生を切り拓《ひら》いていくことができること」「対話や議論を通じて、自分の考えを根拠とともに伝えるとともに、他者の考えを理解し、自分の考えを広げ深めたり、集団としての考えを発展させたり、他者への思いやりを持って多様な人々と協働したりしていくことができること」「試行錯誤しながら問題を発見・解決し、新たな価値を創造していくとともに、新たな問題の発見・解決につなげていくことができること」をあげています。

その上で、こうした人間のあり方を、教育課程のあり方に展開させるため、各教科等において育成すべき資質・能力を、①「何を理解しているか、何ができるか」、②「理解していること・できることをどう使うか」、③「どのように社会・世界と関わり、よりよい人生を送るか」という柱で整理が行われていました。

自ら課題を発見し、解決する

新しい時代に必要となる資質・能力の育成に関しては、これまでも、たとえばＯＥＣＤが提唱するキー・コンピテンシーの育成に関する取組や、論理的思考力や表現力、探究心等を備えた人間育成を目指す国際バカロレアのカリキュラムなどが実施されています。これらの取組に共通しているのは、知識の伝達だけに偏らないことや、学ぶことと社会との繋がりを意識した教育を行い、子どもたちがその過程を通じて、基礎的な知識・技能を習得すると共に、実社会や実生活の中でそれらを活用しながら、自ら課題を発見し、その解決に向けて主体的・協働的に探究し、学びの成果を表現し、さらに実践に生かしていけるようにしようという視点です。

道徳の教科化の方向性

この度の道徳の特別教科化は、これらの議論の先駆であると言えます。

たとえば今回の学習指導要領の改訂では「問題解決的な学習など多様な方法を取り入れた指導」について新たに規定がなされました。このことは道徳の授業が道徳的価値の自覚を深め、子どもたちが生きる上で出会うさまざまな道徳上の問題を、他者と協働し多面的・多角的に考え、主体的に判断し実行し、よりよく生きていくための資質・能力を養うことを一層明確にしたものです。道徳教育は、まさに未来を生きる子どもたちに求められる力を育む基盤となるものなのです。

（栗林芳樹）

ここがポイント

◉知識の伝達のみに偏らず、社会とのつながりを意識しながら主体的・協働的に探究して、実践に生かす視点が重要。

◉道徳教育でも、道徳的価値の自覚を深める中で、自ら考え、他者と協働しながら、よりよい方向を目指そうとする力を育むことが重要。

Q3 学校教育も変わっていくの？

（学校教育における不易と流行）

これからの時代を見据えた学校教育のあり方

人工知能の進化など、情報化、グローバル化が急激に進展する不透明な時代を、たくましく生きていく人材を育てるためには、学校教育もこれまで以上に進化していくことが必要です。

進化する学習指導要領

文部科学省では、全国どの地域で教育を受けても一定水準の教育を受けることができるよう各学校で教育課程を編成する際の基準を定めています。これを「学習指導要領」といい、小・中・高等学校ごとに、それぞれの教科等の目標や内容を定めています。学習指導要領は、これまで社会の変化や子どもたちの現状を踏まえ、それぞれの時代において、一人ひとりの人格の完成と国家・社会の形成者の育成という教育の目的を実現するべく、概ね一〇年に一度その改善が図られてきました。

次期学習指導要領の改訂

次期学習指導要領の改訂に向けては、平成二六年一一月に中央教育審議会に教育課程の基準等の在り方について諮問し、平成二八年一二月に答申がまとめられました。その中では、「何を理解しているか、何ができるか」、「理解していること・できることをどう使うか」、「どのように社会・世界と関わり、よりよい人生を送るか」といった三つの資質・能力の柱に基づき、各教科等において育成すべき資質・能力の整理が行われており、今後、学習指導要領自体も進化を遂げようとしています。

次世代の学校・地域創生の実現

また、文部科学省では、一億総活躍社会と地方創生推進のため、平成二八年一月に「次世代の学校・地域」創生プランを策定しました。その中では、①教職員定数の戦略的な充実を通じた学校の指導体制の充実、②教員の養成・採用・研修の一体改革による教員の質の向上、③学校のマネジメントを強化し組織として教育活動に取り組む体制を作り上げる等の「チーム学校」の実現、④コミュニティスクールの全国的な推進等による「地域とともにある学校」への転換、について着実に取り組んでいくこととしています。

高大接続について

高等教育も変化が求められています。現状の大学入学者選抜では、知識の暗記や再生、暗記した解法パターンの適用の評価に陥りがちであること、一部ＡＯ入試や推薦入試においては、いわゆる学力不問と揶揄されるような状況も生じているなどの指摘がなされてきました。このような中、高等学校教育及び大学教育、大学入学者選抜全体の在り方の転換を図るための改革案が、平成二八年三月に高大接続システム改革会議から示されました。今後、この報告を踏まえ、高大接続システムの在り方も変わっていく必要があります。

以上のように、学校教育も不断の見直しを行い、不易と流行をしっかりと見極めながら、それぞれの時代に相応しい内容へと日々改善が図られているのです。

（栗林芳樹）

ここがポイント

◉学習指導要領はこれまでも時代の要請に応じて概ね一〇年に一回改訂がなされてきた。

◉不易と流行をしっかりと見極めながら、学校教育も進化を遂げていく必要がある。

Q4 そもそも道徳って何？（道徳の定義）

道徳の多様性

「私はどう生きるべきか」。この大きな問いが道徳に関わる問いです。道徳は、私たちが何を選択し、いかに生きるかを決定する規準になります。でもそれだけでは漠然としていますね。そこで、もっとしっかり定義しようとすると、さまざまな見方に気づきます。

たとえば、ある人にとって道徳とは集団や社会で生活する上で最低限守らなければならないきまり。ある社会で「善い行い」として共有されている慣習や常識。いや、時代や場所が変わっても大切にすべき人間の本性、人としての理想と考える人もいるでしょう。自分の生き方を「私の道徳」と表現する人もいます。

道徳を最低限のルールとみなすのと、人間の理想と考えるのでは、道徳教育で何を教えるかも変わってきますね。時代を経ても変わらないものなのか、それともそれぞれの時代にふさわしい道徳を創っていくのか。どう見るかで道徳教育への見方も変わりそうです。

実は、この多様な解釈は、道徳自身から生まれてきたものです。だから、先のさまざまな見方も誤りではありません。どこから見るかで見え方が違うのです。

自由だから道徳がある

では、この多様な見え方を貫くものは何でしょう。一つ確かなことは、道徳は人間について使われるということです。人間以外の動物も社会を構成し仲間を守る行動をとることがありますが、私たちはそれを「道徳的」とは呼びませんね。

それは、人間が動物と違って、本能をコントロールする理性を持つ、と考えられてきたからです。人間には、本能に支配されない【自由】があり、自分の意志と責任で自分の行為を選択できる。それゆえに、「どうしたいか」という欲求や願望だけでなく、「どうすべきか」という行為選択の原理を持っているのです。

人間も動物も、自分の利益や幸福を追求する本能を持って生まれてきます。ところが、その利益の追求が他人に害を及ぼしうるとき、人は「それでよいか」と自問します。大きな目標に向かっている時には、一時の快楽を我慢することもできます。人間の心にはこのように自己利益や欲求をコントロールする仕組みが備わっています。人はそれによって、「今、此処にいる自分」だけの利害を超えて、共に未来の社会を創ることができるのです。道徳は、一人では弱く傷つきやすい人間が、他者と共に生き、よりよい社会と幸福な人生を築くために、人間に備わっている力なのです。

幸福を創る力に

道徳には社会を築く力がありますが、必ずしもいいことばかりではありません。たとえば、ネット社会で見られる炎上。誰かの行為が「道徳的でない」と認知された時、その人を一斉に「叩く」行為は、道徳が時に人を傷つける武器にもなりうることを示しています。

道徳がその本来の力、多様な人々がそれぞれの幸福を追求していける「よりよい社会」を創る力を発揮できるように、私たち大人には、子どもたちが生きるこの時代にふさわしい道徳教育を創る責務があります。

ここがポイント

◉道徳は、自由な人間が他者と共に生きる社会を創るための基盤となる実践的な力である。

◉道徳教育には、多様な人々が幸福を追求できる、よりよい社会を創る力の育成が求められる。

（西野真由美）

Q5 道徳は、家庭や社会で身に付けるものじゃないの？
（社会全体で進める道徳教育と学校教育の役割）

社会全体で進める道徳教育

子どもたちの教育の責任は、学校にあるのか、それとも家庭にあるのか。「家庭か学校か」の議論は、これまでも繰り返し問われてきた課題です。特に、人格の基盤となる道徳性の育成をどこで行うべきかにはさまざまな議論がありました。しかし、これからは、道徳教育は、「家庭か学校か」の役割分担をするのではなく、「家庭も学校も社会も」という観点から社会全体で取り組むことが求められています。

教育基本法は、「父母その他の保護者は、子の教育について第一義的責任を有する」（第十条）としています。家庭教育が、子どもの人格を形成する場として重要であることは言うまでもありません。子どもは、家族とのふれ合いや関わりを通して、基本的な生活習慣や生活能力、人に対する信頼感、豊かな情操、他人に対する思いやりや、自尊心、自立心や社会的マナーといった基本的な倫理観を学ぶからです。

しかし、都市化や少子化、さらには雇用環境の変化によって、親が身近な人から子育ての仕方を学ぶ機会が減るなど、親や家庭を取り巻く状況や子育てを支える状況も大きく変化しています。また、地縁的なつながりや地域の人との関係が希薄化する中で、家庭の孤立化や、児童虐待などといった家庭をめぐる問題も深刻化しています。

子どもの教育の第一義的責任は親や保護者にありま

すが、子どもは家庭の中だけで育つわけではありません。学校や地域のさまざまな人々との関わりの中で、多くを学んでいきます。

　教育基本法が、「学校、家庭及び地域住民その他の関係者は、教育におけるそれぞれの役割と責任を自覚するとともに、相互の連携及び協力に努めるものとする」（第十三条）と規定し、家庭、学校、地域社会の連携と協力を強く求めているのはそのためと言えます。中でも道徳教育は、人間の生き方やあり方に関わるものであり、学校、家庭、地域社会を通じた学びが必要となります。

家庭、地域とどう連携・協力するか

　学校での道徳教育を効果的に進めるためには、子どもの人格の基礎を形成する役割を担う家庭との連携・協力が不可欠です。また、地域の人々との関わりの中で、子どもたちは社会生活での公共的なルールや規範を学ぶ機会を多く得ることになります。

　そのため学校は、道徳教育の成果を高めるためにも、親や保護者はもとより、地域の人々や団体等との共通理解を深め、連携・協力する環境整備を進めることが必要となります。学校が、社会全体で道徳教育に取り組む姿勢とその気運を積極的に形成していくことも非常に重要です。

　具体的には、学校の道徳教育の方針や計画等を積極的に情報提供するとともに、授業の企画や指導に保護者や地域の人々に参加してもらうことが考えられます。また、情報倫理や環境問題等の現代的な課題について考え、議論する場を学校と地域全体での共有を積極的に進めることも大切と言えます。

ここがポイント

◉道徳教育は、家庭、学校、地域の社会全体で取り組むことが必要である。

◉学校の道徳教育では、家庭と地域との連携・協力する体制づくりが求められる。

（貝塚茂樹）

Q6 道徳よりも学力の方が大事じゃないの？

（道徳と学力）

そもそも学力って何？

学力を「学校教育で身に付ける力」と広く捉えるなら、道徳も学力です。でも、この質問は、学校教育で大切なのは、教科の学習で身に付ける学力じゃないの？　ということですね。

では、その学力はどうしたら育つでしょう。

人はいかに学ぶか。それが解明されてきたのは近年になってからです。赤ちゃんや幼児が学ぶ姿の研究によって、学びの原動力となるのは、回りの世界との豊かな関わりの中で自ら学ぼうとする意欲であるとわかってきました。学び手の心の成長が学力に大きく関わっているようなのです。

見える学力と見えない学力

日本では、「全国学力・学習状況調査」を二〇〇七年から継続して実施してきました。この調査では、全国の小学校六年生・中学校三年生全員を対象に、算数・数学や国語に加え、学習や生活にかんする質問紙調査も行っています。それらの結果から、学力と学校や家庭での過ごし方との関係が指摘されています。

たとえば、授業で「話し合う活動」を行っていると回答した子どもは、平均正答率が高い傾向があります。また、基本的な生活習慣や自尊意識・規範意識、家庭での対話、社会に対する関心、コミュニケーション能力にも、平均正答率との相関（関わり）が見られます。

この調査では因果関係はわかりませんが、生活の中で育まれる子どもの心は、学力と関わりが深そうです。点数で測る学力は見えやすいですが、その後には、「見えない学力」があるのです。

学ぶことと生きること

人の学びの姿が見えるようになってきた今、学力に対する見方も大きく変わろうとしています。

これまでの学校教育では、知識や技能の獲得が学力とみなされてきました。しかし、知識や技能を実生活で活かすという視点を取り入れた時、学力には、学んだことを使って自分の人生をどう生き、どのような社会を創っていくかを考え、実践する力が求められるようになってきたのです。

日本の学校教育は、知・徳・体の調和した「生きる力」を重視してきました。でも、「道徳か学力か」という問いにもあらわれているように、今までは、この二つが別物と捉えられがちでした。これからの学校教育は、どちらを重視するかではないのです。学びの中で自分はいかに生きるかを考え、どのような社会を創っていくかを共に考え議論する。知識を与えられるのを待つのではなく、生活や人生の中で問題を見出し、考え、議論しながら答えを探し、実践していく。学ぶことと生きることを共に育てる学校教育が求められているのです。

ここがポイント

◉学校教育で育む学力は、知識・技能や思考力に加え、自ら学ぶ意欲を重視するようになっている。
◉知育と徳育を分離せず、生きることと学ぶことを共に育てる学校教育が求められている。

（西野真由美）

Q7 道徳教育は「いかに生きるべきか」に答えてくれるの？

（生きる力を育てる道徳教育）

道徳を学べば「いかに生きるべきか」の答えがわかるわけではなく、道徳を学ぶことを通して、自分自身が「いかに生きるべきか」についての考えを深めていくことができるのです。

みんなで考えを深める時間

私たちは日々の生活において、数多くの道徳的問題に直面しています。たとえば環境問題といった地球規模のものから、友人関係といった身の回りのものまで大小さまざまです。これらの問題の中には、機械的に答えを導くことができるものもあるかもしれませんが、多くの場合、問題を解決するに当たって自分が取り得る行動を考える時、その行動がどう回りに影響を及ぼすのか、もっと最善の方法はないのか、自分自身はそれでいいのかなどさまざまな価値の問題が関わり思い悩みます。

では悩んだままにしておいていいかと言われればそうではありません。前に進むためには、その時々で問題に対する答えを考え抜き、最善と思われる「解」を見つけださなければならないのです。考えるに当たっては、まず自分の考えをしっかりもっていなければなりません。その上で、他者と共に協働することも大切でしょう。自分の考えを確かなものとするために問題の原因を探るなどの情報収集も必要です。そしてこのようにして考え抜いた「解」はそれはそれで価値のあるものです。安易に判断することなく、さまざまな問題に正対し、じっくり考えることにより、自分は「いかに生きるべきか」ということの考えを深めていくことができるものと考えます。

道徳は道徳的な問題について考え、議論する時間

中央教育審議会答申でも、「多様な価値観の、時に対立がある場合を含めて、誠実にそれらの価値に向き合い、道徳としての問題を考え続ける姿勢こそ道徳教育で養うべき基本的資質である」としています。学習指導要領解説においても、「道徳教育においては、…（中略）…人としてよりよく生きる上で大切なものとは何か、自分はどのように生きるべきかについて、時には悩み、葛藤しつつ、考えを深め、自らの生き方を育んでいくことが求められる」とされています。

このように道徳教育は、自分で考え、他者と議論し、さらに自分の道徳的諸価値の理解を深めていく時間なのです。このような道徳教育を通じて、これから自分自身が生きていく中で直面する問題を、道徳的価値との関係でどのように捉え、どのように解決することができるのか、その答えを自分自身で探究し、よりよい解決策を導き出すための資質・能力を身に付けることが求められています。

これからを生きる子どもたちには、これまで以上に複雑な問題が待ち受けているものと予想されます。今後社会の有り様が変化し、科学技術もさらに発達していく中で、人間としてのあり方や生き方を問われる場面も増えていくかもしれません。そのような中だからこそ、「いかに生きるべきか」を考え続ける姿勢は大変重要であり、だからこそ道徳教育の果たす役割はますます大きくなっているのです。

（栗林芳樹）

ここがポイント

◉道徳的な問題について他者と協働しながら多面的・多角的に考え、深めていくという視点が重要。

◉道徳教育を通じて、自分は「いかに生きるべきか」ということを考え続ける姿勢をもつことが大切。

Q8 今までと違う道徳教育が必要なの？
（道徳教育の使命）

道徳教育の使命は変わらない

教育基本法第一条は、「人格の完成」を教育の目的としています。端的に言えば、人格の基盤となるのが道徳性であり、その道徳性を育てることが道徳教育の普遍的な使命と言えます。

二〇一四（平成二六）年の中央教育審議会答申は、道徳教育において、「人間尊重の精神と生命に対する畏敬の念を前提として、人が互いに尊重し協働して社会を形作っていく上で共通に求められるルールやマナーを学び、規範意識などを育むとともに、人としてよりよく生きる上で大切なものとは何か、自分はどのように生きるべきかなどについて、時には悩み、葛藤しつつ、考えを深め、自らの生き方を育んでいくことが求められている」と述べました。この点は、これまでの道徳教育が追究してきたものであり、今後も継承していくことが必要です。

しかし、これからの道徳教育では、「人格の完成」という道徳教育の使命を実現する方法についての「質的転換」が求められます。なぜなら、今後の社会においては、グローバル化が進展し、さまざまな文化や価値観を背景とする人々が相互に尊重し合うことが必要となるからです。

また、科学技術の発展によって社会が大きく変動することで、私たちが自らの生き方やあり方を考えることが、これまで以上に複雑で多様なものとなることが予想されます。

そのため答申は、「社会を構成する主体である一人ひとりが、高い倫理観をもち、人としての生き方や社会のあり方について、多様な価値観の存在を前提としつつ、自ら感じ、考え、他者と対話し協働しながら、よりよい方向を目指す資質・能力を備える」ことが、これまで以上に重要であると指摘しています。

考え、行動する資質・能力の育成を

では、これからの道徳教育では、どのような資質・能力の育成を目指せばよいのでしょうか。一般に道徳教育には、特定の価値を押し付けたり、言われるままに行動する人間を育てるかのような誤解があります。

しかし、そうではありません。

答申は、「多様な価値観の、時に対立する場合を含めて、誠実にそれらの価値に向き合い、道徳としての問題を考え続ける姿勢こそ道徳教育で養うべき基本的資質である」としています。

また、ルールやマナーを子どもたちに指導する道徳教育の目的は、これらを単に身に付けさせることにあるのではなく、「ルールやマナーの意義や役割そのものについても考えを深め、さらには、必要があればそれをよりよいものに変えていく力を育てる」ことも目指すことでもあります。

したがって、学校での道徳教育では、人として生きる上で重要となるさまざまな道徳的価値についての理解と学びを基盤として、「それぞれの人生において出会うであろう多様で複雑な具体的事象に対し、一人一人が多角的に考え、判断し、適切に行動するための資質・能力を養う」ことを目指すことが必要となります。

（貝塚茂樹）

ここがポイント

◉人格の基盤となる道徳性を養う方法には、これまでの成果を踏まえた「質的転換」が必要となる。
◉今後の道徳教育では、多面的・多角的に考え、適切に行動できる資質・能力の育成が必要である。

Q9 学校の道徳教育は、いじめにどう向き合うの？
（いじめ問題への対応）

いじめ防止は道徳教育の責務

いじめ問題の深刻な状況が続いています。SNSを介した「ネットいじめ」も大きな社会問題となっており、いじめ問題に起因して、子どもの心身の発達に重大な支障が生じる事案や、尊い命が絶たれるなどの痛ましい事案も起きています。二〇一三（平成二五）年二月、教育再生実行会議が、いじめ問題の本質的な問題解決を求めたのは、こうした状況への危機感の表われでした。

果たして、道徳教育によって、いじめはなくなるのでしょうか。道徳教育は、いじめにどう向き合えばいいのでしょうか。

二〇一三年に施行された「いじめ防止対策推進法」は、学校が、「児童等の豊かな情操と道徳心を培い、心の通う対人交流の能力の素地を養うことがいじめの防止に資することを踏まえ、全ての教育活動を通じた道徳教育及び体験活動等の充実を図らなければならない」（第十五条）と規定しています。いじめ防止が、道徳教育の責務であることを明確にしているわけです。

いじめは、どの子どもにもどの学校にも起こり得るものであり、すべての子どもたちが巻き込まれる可能性のあるものです。したがって、いじめ防止は、学校の道徳教育全体で取り組む課題であり、道徳教育の全体計画の中に位置付けるなどして、学校全体でいじめに対する理解を共有する必要があります。中でも、

「特別の教科　道徳」（以下、道徳科と略）は、その中心的な役割を果たすことはいうまでもありません。

正面から、自分たちの問題として取り上げる

従来の道徳授業では、いじめ問題を正面から取り上げるよりも、規範意識や思いやり、正義、公正・公平、生命尊重等などの諸価値に関連する内容をねらいとしたものが中心でした。そのため、いじめ防止に直接関わる内容ではなく、いじめを間接的に取り上げることが多かったと言えます。

しかし、道徳科では内容項目間の関連を密にした指導や日常の社会的課題を対象とした学習が重視されます。そのため、いじめ問題を直接に対象とした学習が構想しやすくなり、教科書では、いじめ問題を直接的に扱う教材が多くなると予想されます。

「いじめが悪いことだ」というのは、大部分の子どもたちがわかっています。しかし、いじめがなくならないのは、それが子どもたち自身の問題として内面的に自覚されていないためです。いじめ問題で大切なことは、正しいことを主体的に実践できる力の育成です。とくに道徳科の授業では、いじめ問題を深く認識し、自分はどうすべきか、自分に何ができるかを判断すると共に、いじめ問題を解決し、実践できるものへと転換する必要があります。

もちろん、道徳科の学習だけでいじめ問題がすべて解決するわけではありません。しかし、いじめ問題を直接的に取り上げる道徳科の授業は、いじめ防止に重要な役割を担わなければなりません。いじめ防止に実効性のある授業とは何か。その点を意識した多様な授業実践を地道に積み重ねる努力が求められます。

（貝塚茂樹）

ここがポイント

◉いじめ防止は、学校における道徳教育の責務であり、切実な課題である。

◉道徳科では、いじめ問題を道徳的に自覚し、主体的に解決・実践できる力の育成が求められる。

Q10 外国にも道徳教育があるの？
（諸外国の道徳教育）

道徳の授業が外国にもあるの？

日本の道徳教育では、戦後の一時期を除いて、「道徳」を教える特定の時間が学校に設置されてきました。外国にもそういう学習時間があるのでしょうか。

言語や数理を学ぶ教科は、世界各国でほぼ共通に設置されています。それに比べると、道徳教育は国によってかなり違います。人格や人間性の育成は学校教育の重要な課題とみなされていますが特定の教科等を設置している国もあれば、特定の教科によらず、学校の教育活動全体で行う道徳教育に力を入れている国もあります。

なぜ、国によってこんなに違うのでしょう。

道徳か宗教か

日本では、公立学校で宗教の教義などを教える宗教教育は行えないと定められています（教育基本法第一五条二項）。他方、世界には、学校で特定の宗教を教えている国があります。ヨーロッパの多くの国やイスラム圏の学校もそうです。これらの国では、伝統的に宗教教育が道徳教育の役割を担ってきました。

学校における宗教教育では、信仰の異なる子どもへの対応が問題になることがあります。たとえば、ドイツでは、伝統的にキリスト教による宗教教育が教科として実施されてきましたが、一九七〇年代頃から、宗教を履修しない子どもが増加してきたことに対応して、

「道徳」などの代替科目の導入が進みました。多民族国家であるマレーシアの学校では「イスラム教」が教えられてきましたが、一九八〇年代から、イスラム教徒以外の子ども対象に「道徳」が設置されました。

公立学校で宗教教育を実施せず、道徳にかんする学習を必修教科として設置している国には、フランス（「道徳・公民」）、中国（「品徳と生活」・「品徳と社会」）、韓国（「道徳」など）、シンガポール（人格・市民性教育）があります（括弧内は設置教科名）。

アメリカやオーストラリアでは、公立学校で宗教や道徳を教える教科は設置されていません。これらの国では、学校教育全体で「人格教育」（アメリカ）や「価値教育」（オーストラリア）が進められています。

「考え、議論する」授業が主流に

では、世界各国の多様な取組に何か共通する特徴があるでしょうか。

フランスやシンガポール、韓国など、これまで独立教科を設置してきた国では、近年、大きな教育改革がありました。これらの国々では、学校内外での体験活動も充実し、教育活動全体を通した道徳教育に力を入れるようになっています。教室での学習にとどまらず、参加や体験が重視されているのです。

体験的な学習を重視する一方、授業では、子どもが実生活で出会うさまざまな問題を取り上げて議論する学習活動が多くの国で推奨されています。

「考え、議論する道徳」の授業は、世界でも積極的に導入され、定着しつつあると言えるでしょう。

（西野真由美）

ここがポイント

◉世界では、宗教教育や価値教育、人格教育など、各国の文化を反映した道徳教育が行われている。

◉各国の道徳に関する授業でも、「考え議論する」授業の充実が目指されている。

松本美奈のここが聞きたい①
——カギ握る　大学の力量——

「道徳科」が専門の教員は現場にいない。そもそも教員を育てる大学にも専門家が少ない。その中での教科化——。どんな社会をつくりたいのか、そのためにどんな教員が必要か、大学の構想力と実現力が、教科化の未来を左右するのではないか。

松本美奈×合田哲雄

問題解決的な道徳

——ズバリ、道徳とは何か、ここからお願いします。

合田哲雄（以下、合田）道徳教育は、道徳科を要（かなめ）として学校教育全体で取り組むこととなっています。道徳性や豊かな心は、我が国の学校教育が大事にしてきた子どもたちにとって大事な、生きる「基盤」であると共に、大きな「目標」ではないかと思っています。

かつての工業化社会だった頃と異なり、これからの社会や産業の構造的変化は一層予測しがたくなっています。「今、小学校に入る子どもの六五%は現在まだない職業に就く」とも言われています。したがって、これからの子どもたちには、今の社会が求める知識を習得するにとどまらず、我が国の伝統や文化をしっかり継承しつつ新しい社会や文化を創造する力が必要になってくると思います。

学習指導要領では「生きる力」について、「確かな学力」「健やかな体」「豊かな心」と捉えて、これらをバランスよく育成することが目指されていますが、本来これらは独立して存在しているものではありません。「豊かな心」「確かな学力」、「健やかな体」が統合されて育まれています。

「道徳科」が学校教育において「要」としてしっかりと機能することで、知・徳・体や教科の縦割りではなく、教科等を越えて知識を活きて働かせ、未来社会を創造することができる資質・能力をもった子どもたちが育つと思っています。まさに大きな「目標」ですね。

――だからこそ、道徳科では、問題解決的な学習や体験的な学習への転換が重視されているのですね。

合田　おっしゃるとおりですね。これまで道徳の時間では、「読み物」を取り扱うことが多く、この「読み物」自体は道徳的価値に迫る大変よく考えられたものですが、少なからざる教室で、この「読み物」教材の登場人物の心情を読み取るというところで終わっていて、道徳的価値に迫ることができていないという問題があります。

小学校低学年ぐらいまではともかく、中学年、高学年、とくに中学生になると、ただ単に登場人物の心情を読み取ったり、わかりきったことを聞いたり言わせたりする授業では、子どもたちが一時間一時間の授業の中で、道徳的価値について考えぬく緊張感をもたらすことが難しくなっているというのが現状です。

答えが一つではない課題について「問題解決的」に取り組むということは、学習指導要領全体の次期改訂において、道徳科だけではなく、すべての教科等で重視されています。知識がなければ考えることができませんから、知識は大事です。したがって、たとえば歴史であれば、今までのように歴史的な出来事が起きた時期を覚えることも大事ですが、それと同時に、「この出来事が、なぜこの時期に、誰によって、他からどのような影響を受けて行われ、後世にどのような影響を与えたのか」ということをきちんと考えることがますます重要になってきます。理科の観察・実験も、ただその結果を事実として覚えるだけではなく、なぜそのような科学的な変化が起こるのかを、予測し、観察・実験し、振り返る中で捉えていくことが大切です。

――道徳科における問題解決的な学習と他の教科での学習の違いはどこにありますか。

合田　それは道徳科における学びは「道徳的価値の自覚」のためであるという点に他ならないと思います。したがって、問題解決的な学習といっても、実生活で直面する問題を解決するための技法（ハウツー）自体を学ぶものではありません。

道徳科における問題解決的な学習において重視してもらいたいのは、道徳的価値をめぐって葛藤や衝突が生じる状況に陥ったら、「自分ならどうするか」という問いです。

「善悪の判断、自律、自由と責任」、「正直、誠実」といった道徳科の内容項目を抽象的に、自分事ではないところで理解することは難しくないかもしれません。しかし、自分自身の問題として、「寛大な心をもって他人の過ちを許すことができるのは、自分も過ちを犯すことがあるから」（相互理解・寛容）と「法やきまりを守ることは、その自分勝手な反発等に対してそれらを許さないという意思をもつことと表裏」（規則の尊重）との関係をどう考えるべきでしょうか。「互いを認め合い、理解し合い、協力し、助け合い、信頼感や友情を育んでいく」（友情、信頼）と「不正な行為は絶対に行わない、許さないという断固たる態度を育て、同調圧力に流されないで、必要に応じ学校や関係機関に助けを求めることに躊躇しない」（公正、公平、社会正義）とはどうでしょうか。

「自分ならどうするか」という観点から考えることで、より深く道徳的価値と向き合うことができるはずです。さらに、自分とは異なる意見を持つクラスメートと議論することは、多面的・多角的に道徳的価値を考えることにつながります。

このような観点から、今回の改正した学習指導要領において「問題解決的な学習など多様な方法を取り入れた指導」について規定すると共に、義務教育諸学校教科用図書検定基準においても「問題解決的な学習や道徳的行為に関する体験的な学習について適切な配慮がされていること」を明記しています。

　また、中学校学習指導要領解説（特別な教科　道徳編）も、「道徳科における問題解決的な学習とは、生徒一人一人が生きる上で出会う様々な道徳上の問題や課題を多面的・多角的に考え、主体的に判断し実行し、よりよく生きていくための資質・能力を養う学習」であり、「そうした問題や課題は、多くの場合、道徳的な判断や心情、意欲に誤りがあったり、複数の道徳的価値が衝突したりするために生じるもの」と記述しているのです。

理科の先生にしかできない授業

——特別教科化することにより他の教科との関係はどのように変わるのでしょうか。また、どんな授業が考えられますか。

合田　道徳科が学校教育全体で行う道徳教育の要《かなめ》となることが今こそ重要になっていると思います。

　山中伸弥教授は、京都大学ｉＰＳ細胞研究所に「上廣倫理研究部門」を設置しました。ｉＰＳ細胞をはじめ新しい科学技術をどこまで受け入れるかは、社会や文化、国民の考えにより決まるものであり、科学研究のあり方について、生命倫理や医療倫理という視点から捉え直す必要があるという誠実な自問によるものだと思います。

　このように社会事象や自然事象を道徳的価値との関係で考えることは、道徳科においても極めて重要だと思います。たとえば山中教授が道徳科の授業をおやりになったとしたら、子どもたちにとって、これまでにない深みのある時間になるのではないでしょうか。このように理科の先生でなければできない「道徳科」の授業もあるはずです。

——理科の先生にしかできない道徳の時間、面白いですね。

合田　歴史については、もっと想像しやすいのではないでしょうか。「私たちの道徳」（中学校）の教材には、「命のビザ」を発行した外交官・杉原《すぎはら》千畝《ちうね》さんの話が載っています。杉原さんは外交官であり、私も官僚として心から尊敬していますが、それをただ単に「このようなすごい人がいました」という話にとどめるのではなく、「私たちの道徳」では、あえて「あなたならどう考え、行動しますか」という「問い」を立てています。自分事として杉原さんのことを考えてもらいたいからです。

　しかし自分に引きつけて考えるためには、杉原さんが生きていた時代の背景や国際状況とはどのようなものだったのか、今と何が違うのか、なぜユダヤ人がビザの発行を日本の領事館に求めてくるのかを知り、外務省の訓令に反してビザを発行するということが歴史的にどのような意味があり、外交官としてどれだけ大変なことなのかを理解する必要があります。そうした背景を知らなければ、自分のこととして考えたとしても、とても薄っぺらなものになってしまうでしょう。この題材は、社会科の先生が担当してはどうでしょうか。歴史的事実に関するしっかりとした説明の上で、子どもたちが自分事として道徳的価値と向かい合う。だからこそ、自分自身や他者と対話しながら考え抜くことができるのだと思います。

　それぞれの教科には固有の体系があり、その中でしっかり学ぶことは重要ですが、その体系にとらわれるという限界もあります。道徳科においては、この体系から離れて道徳的価値と向き合うことができます。たとえば生命倫理や環境問題について、理科の授業で「これは道徳的価値に関わる問題だ」と捉え、道徳科では「理科で学習したよね」と振り返ることができる。この双方向性がたいへん大事だと思います。

「みんな違ってみんないい」でいい？

――しかし、問題解決的な学習への転換といっても、結局、具体的な解決方法を話し合う学級会になったり、自分の意見を言いっ放しになったりで終わりになりませんか。

合田　現在、すべての小・中学生が使っている『私たちの道徳』では、たとえば、小学校低学年の「してはならないことがあるよ」というページにおいて、「うそをついてはいけません」、「悪口を言ってはいけません」といったことをしっかり教えています。道徳科の内容項目については、まず十分に理解することが大事です。

その上で、問題解決的な学習や体験的な学習は、「あれもいい、これもいい」、「みんな違ってみんないい」というだけで終わってはいけないと思っています。

道徳的価値の自覚において、他者の考え方や議論に触れ、自分自身の頭で考える中で、一面的な見方から多面的・多角的な見方へと発展させたり、このような多面的・多角的な思考を通じて、道徳的価値の理解を自分自身との関わりの中で深めたりすることが極めて重要です。だからこそ、道徳科における問題解決的な学習や体験的な学習において、今までは自分だけの基軸だけで考えていたことを、他者を合わせ鏡にしながら、もう一歩広い視野や別の文脈で、ものごとを捉えていくことが求められています。これまで自分の中では正しいと思っていたことについて、他者の議論に触れることにより、なぜ正しいかの別の理由が見えてくる。そのような道徳的価値の自覚の深まりが、道徳科での学習を通して芽生えればと思っています。

そのためにも、一人ひとりが自分の意見を言いっ放しで終わるのではなく、それらを交じり合わせることが必要です。合意形成や具体的な解決策を得ること自体が道徳科の目的ではありませんが、他者と意見を交わして真剣に合意や解決を目指さなければ、「あれもいい、これもいい」という浅薄な結果だけで、考えの深まりが得られないのではないでしょうか。

ここで重要なのは教師の力です。一人ひとりに意見を言わせるだけではなく、生徒同士の意見を交じり合わせて、道徳的価値に関する真剣な議論にするためには、適切な先生の導きが欠かせず、力量が必要です。これからの先生方には、授業で予期していない展開や発言にしっかり対応できる知的瞬発力や構想力などが求められると思います。

文部科学省も、この道徳教育の転換のために、専門家会議を設置し、具体的な教育実践を踏まえながら、質の高い多様な授業が全国の一つひとつの教室で展開できるよう「教師用指導資料」の作成、配布などに取り組むこととしています。

子どもたちの多面的・多角的思想を促すためのいか

なる「問い」を投げかけるか、効果的な教材をいかに周到に工夫するか、考え、議論するプロセス自体の質をどう高めるかが教師にとって大切なのではないでしょうか。

教員をどう育てるか

——そうなるとそのような力量をもった教員をどう育てるかが重要になります。教員養成課程について改めて考えるべきではないでしょうか。

合田　それは重要な点ですね。昨年末に中央教育審議会が「これからの学校教育を担う教員の資質能力の向上について」(答申)をとりまとめ、教員養成・採用・研修の一体改革を文部科学省としても進めている所以でもあります。

　また、私事で恐縮ですが、六年ほど目黒区立小・中学校のＰＴＡの会長をいたしました。

　私は国立の教員養成大学・学部についていろいろ厳しいことを申し上げることが多いのですが、その背景には、ＰＴＡ活動をしていたところ、とくに小学校の先生で評判のいい先生、子どもたちもついていっているし保護者も信頼している若手の先生の少なくない方々が私立大学のご出身であったということがあります。大学四年間で伸ばしてもらったという思いや自信を付けて教育界に巣立たせているからでしょうか。また、以前、文部科学省高等教育局で国立大学の「ミッションの再定義」の担当をしておりました。私立大学が学部学生の八割近くを引き受けている中で、国立大学でなければできないことは何なのかということをもう一度再定義しようという取組ですが、再定義のプロセスにおける国立教員養成大学・学部の学長や学部長との議論の中でも、「いや、もう最近私立大学に勢いがあって、どんどん教員採用試験で負けている」というお話もお聞きしました。国立大学教員養成大学・学部は今、岐路に立っていると言えましょう。

——教員養成課程の課題はどこにあるとお考えですか。

合田　戦後日本の教育のあり方を議論した「教育刷新委員会」、いまの中教審でありますけれども、そこでの議論はかなり明確な対立軸がありまして、天野《あまの》貞祐《ていゆう》先生（一八八四〜一九八〇　哲学者、教育者。京都帝国大学教授、第一高等学校校長、文部大臣などを歴任。獨協大学を創設、学長となる）は「教育者は人間が誠実で、学問があれば十分だ」と明言し、教員養成に特別な課程は要らないというお立場でありました。その背景には戦前の師範学校に対する批判というものがあったのだと思いますけれども、他方で、このような見解に対して明確にＮＯと言ったのはＧＨＱ／ＣＩＥ（連合国軍総司令部民間情報教育局）で、第一次米国教育使節団は「すべての教師は系統的な準備教育を受けなければならない」という立場でした。

その「系統的な準備教育」とは、「言語の熟達及び伝達の手段等の如き要素を含む全般的な高等普通教育」、「教師として教えるべき教材についての特別な知識」、「教師の仕事の専門的な面の知識（教育史、教育の心理学的基礎、社会の研究、実際上の経験）」の三本柱。基本的にはこの提言をベースに戦後の教員養成改革についても、教職課程についても、免許法制度についてもできあがってまいりましたが、教育刷新委員会で終始問われていたのは、このような「教育科学的な教養」は一体何なのかということであります。

教師が一生にわたって教職の専門家として、専門職としての教職が持つべき科学的教養、専門職としての教職を専門職足らしめている教育科学的な教養とは一体何なのかということがずっと議論され、問われてきました。一九七一年に『戦後日本の教育改革8　教員養成』（東京大学出版会）において、山田昇先生がお書きになっておられるように、「教職に関する専門教育は果たして、特に国立教員養成大学・学部の専門教育として十分に追究され確立してきたのか」、「教育諸科学をはじめ教科教育や教育実習などの内実が果たして徹底的に改革されたか」。この戦後七〇年、山田先生の問いかけから四五年越しの宿題に対して今、国立教員養成大学・学部が社会的に納得の得られる答えを出しているかというとなかなか難しい状況だと言わざるを得ないと思っております。

問われる国立大学の責任

――とくに、国立の教員養成大学・学部のあり方が問われています。

合田　国立教員養成大学・学部のあり方が政府全体の観点から議論された最近の例としては、二〇一二年四月九日の民主党政権下の国家戦略会議をあげることができます。同会議において当時の安住財務大臣は「一八歳人口は、この二〇年で二〇〇万人から一二〇万人に減りました。これから六〇万人に減っていきますが、大学は五〇〇校だったのが七八〇校になっています。その中身は、短大をそのまま四大にしたり、あえて申し上げますと、国立大学はほとんど改革の努力をこの二〇年怠ってきたのではないかと思うような節があります。やはりこれでは、統廃合という言葉に多少文科省は抵抗している感じもありますけれども、思い切って選択と集中、メリハリを付けなければ、日本の高等教育は成り立たない。これは、実は中川前文部科学大臣とも、とくに国立大学のグループ化等、本格的に結果を出してほしいということで昨年の予算編成でやりましたから、大学群をつくったり、たとえば九州や東北を含めて、今のまま教育学部がそのまま全国にあったりすることを放置したままでは成り立たないと思います」と発言しました。この発言自体の妥当性や是非はともかくとして、国家戦略会議のこのような議論が一つの契機となって、先ほど申し上げた「ミッションの再定義」などが行われるに至りました。

　もちろん、教員養成大学・学部に限らない「国立大学改革」という文脈もあります。その背景に一つには我が国の財政構造があります。国債の返済や地方交付税交付金を除いた国の政策経費は現在概ね五八兆。そのうち、既に五五%の三二兆円は厚生労働省が所管しており、これが毎年一兆円ずつ増えている。文科省の予算が五・四兆円。高等教育が一・八兆円、初等中等教育が二・三兆円。それから科学技術が一兆円。毎年毎年の予算編成においては、社会保障予算が一兆円確実に増えていく中で、全体のパイはなかなか増えません。毎年一兆円の社会保障予算の増という波が来る中で、それに飲み込まれないように必死で、医療でも年金でもなく子どもたちのために投資をしましょうと多くの方と議論し、理解を得ながらなんとか予算を確保しているというのが率直な現状です。このような厳しい状況は、国立大学に対する投資一・一兆円も例外ではありません。国立教員養成大学・学部の、自分のところは明治以来師範学校から一〇〇年の伝統がある、だからこれからの一〇〇年もあり続ける、という理屈は絶対に通らない。これからの社会において自分たちでなければ創出できない付加価値とは一体何なのかという観点から自分たちの役割をどう再構築するかという「問い」がどうしても必要になっているわけであります。

高等教育局企画官をしておりました頃、国立教員養成大学・学部の学長や学部長とのヒアリングでこのような問いを投げかけますと随分激しい議論になりました。「ミッションの再定義」を通じ、国立大学の医学分野は世界と戦い、新しい価値を創出するためのネタを数多く持っていることがよくわかります。工学分野も同じであります。世界でしのぎをけずる工学部、卓越した国内拠点の工学部、地元産業界の「宝の山」である地域拠点の工学部。その工学部でなくてはならないネタを持っているわけであります。それに対して教員養成系についてはどこに強みがあるのかなかなか見えてこない。

福井大学教職大学院はその数少ない教員養成系の「宝」です。「附属学校・拠点校を基盤とした課題解決型の授業」。教科専門を抜本的に見直した上での「教科横断型の教育研究組織への再編成と教育課程編成」。また、全国一〇〇万人の先生を変えるためにまず一七〇〇名の教育長を変えることが先と「教育長セミナー」に取り組んでいる兵庫教育大学も重要な拠点と申し上げてよいでしょう。

——私立大学の教員養成に対しても根強い批判の声があります。入試が機能せず、学習経験のない人が教員になっていいのかという批判に対してはどう思われま

すか？

合田　私自身は私立大学を卒業した先生方の学校における頑張りをずいぶん見てきましたので、そう単純には捉えていません。

その上で、やはり機能強化が強く求められているのは、国立教員養成大学・学部ではないでしょうか。たとえば、先程の福井大学が好例です。医師養成ではCBTやOSCEのように臨床実習に入る前に知識や能力のチェックを行っておりますけれども、同じように「教育実習前に知識やリテラシーを測るテスト」をやってはどうか。「ステークホルダー重視の教員養成課程」。「教員の多様性と質の確保」。教科専門についてさらに申し上げれば、教科専門の先生方は本当に教員養成のことを考えているか、「教員養成担当としての専門性」をいかに向上させるかといった問いも重要です。小・中・高校等の教壇に一度も立ったことのない先生が教科専門と称して教員養成に携わっていて本当に大丈夫か。「一定期間ごとの教員評価制度の導入」「成熟社会における教育科学的教養のために必要な大学内外、学部内外の連携」も重要ではないか。医学部や工学部など同じ大学の他学部には世界的なエッジが沢山あります。そんなエッジを教員養成に活かすということはできないか。そんな機能強化に取り組まない限り、原則として各都道府県に国立教員養成学部・大学が設置される必要性が社会や国民に理解されないことを大学人自身が強く自覚しなければならないと思います。

教育システム全体の質保証

――問われているのは、教員の質そのものというより、教員を育てている大学のありようでしょうか。

合田　それは、初等中等教育から高等教育にわたる我が国の教育システム全体の質保証という観点から議論すべき課題でしょう。だからこそ現在、高大接続システム改革の議論を文部科学省を挙げて行っています。

高校学習指導要領の改訂に関する議論においては、それぞれの学びが「何のためか」を明確化する中で、必要な知識の習得が十分ではない場合は学校種を越えて学び直しをしたり、習得した知識を教科固有の文脈を離れた具体的な課題の解決のために教科等を越えて活用し探究したりといった学習活動の充実を通して高校教育の質的転換を図ることとしています。しかし、いくら高校学習指導要領を改善しても、大学入試などの出口が変わらなければ、高校教育は変わらないのも事実でしょう。

そのため、学習指導要領改訂の議論や方向性と歩調を合わせながら制度設計がなされているのが「高等学校基礎学力テスト（仮称）」と「大学入学希望者学力評価テスト（仮称）」です。工業高校や商業高校などの校長会は、「ジュニアマイスター」（工業高校）や「簿記実務検定」（商業高校）など生徒がどの程度力を付けたかを測る仕組みを確立しています。主として普通科高校は質の保障を大学入試のみに依存してきた結果、学びへのインセンティブを失っている状況が見られるのも事実です。義務教育段階の学習内容も含めた基礎学力の確実な習得とそれによる生徒の学習意欲を喚起するために、高校の共通必履修科目について、ＣＢＴ方式、相対評価ではなく一人ひとりの基礎学力の定着度合いを段階で表示というイメージで構想されているのが「高等学校基礎学力テスト」です。

他方、選抜性が一定水準以上の大学の入試が知識の暗記・再生や暗記した解法パターンの適用の評価に偏りがちと指摘されて久しいですね。初等中等教育において習得・活用・探究という学習プロセスの中で言語活動が重視されていることを踏まえ、「大学入学希望者学力評価テスト」は、主体性を持って多様な人々と協働しながら、問題を発見し、その解決策をまとめ、実行するために必要な諸能力を重視すると共に、記述式問題を導入することとしています。このテストにおいて、五つの選択肢の中から必ず「正解」があることを前提にした知識の習得だけではなく、たとえばテキストに表された「情報間の関係性」を理解し、統合・情報化して新しい考えをまとめ、表現することが求められることは、学習指導要領改訂と相俟って、高校教育の質的転換へのインパクトが非常に大きいといえるでしょう。

この二つのテストの制度設計と学習指導要領改訂に共通しているのは、子どもたちの未来社会を創造する資質・能力を、初等中等教育から高等教育を通じて一貫して育むという基本的な構想です。

ならば、この言わば「学びのリレー」において次に求められるのは、大学が初等中等教育が育んだ学生の資質・能力を四〜六年かけてどこまで伸ばすかでしょう。教授の個人芸にとどまらず、組織として横串の通ったカリキュラムを提供している大学はどこか、どの大学に研究上のエッジがあるのか、これらの特長を引き出すべく逃げずにマネジメントに取り組むための緊張感あるガバナンスが確立している大学はどこか。高校はもう大学入試を理由に教育の質的転換を怠ることはできません。大学も高校教育の質を言い訳にせず、学生の未来社会を創造する資質・能力を入学から卒業までの間に確実に育むことが求められています。

「学びのリレー」

――「学びのリレー」、いい言葉ですね。バトンをきちんと渡せていないということなのですか。

合田　大学が学生をどこまで伸ばしているか、それを可視化するための一つの取組が松本さんがなさっている読売新聞社の『大学の実力』調査なのではないでしょうか。これからの大学政策は、学生を伸ばした大学をいかに支援し、エンカレッジするかが大事になると思います。小・中・高校の先生にもこの「学びのリレー」という視点をこれまで以上に重視してほしいと思っています。

――今、大学の問題が提示されました。教員を目指す学生の課題についてはどのように考えていますか？

合田　教員養成大学・学部の学生は真面目だとよく言われますよね。そのこと自体は素晴らしいことですが、パッシブ・ラーナー（受身の学習者）であってほしくないと思っています。

私事で恐縮ですが、一九七〇年生まれの私は「ゆとりと充実」を目指した一九七七年改訂への移行措置を小学校中学年で迎えた、言わば同改訂の「第一期生」です。一九七三年に当時の奥野《おくの》誠亮《せいすけ》文部大臣が教育課程審議会に対して「児童生徒の学習負担の適正化を図り、基本的事項の指導を徹底するための教育内容の在り方」などについて諮問し、教育課程審議会において高村象平《たかむらしょうへい》会長のもと審議が重ねられた上で、一九七七年に改訂された学習指導要領で育まれた世代が二〇一五年において中堅として社会を支えている。つまり、教育は目の前の子どもたちに大人として真正面から向き合うことによって、二〇～三〇年先の未来社会を「創造」することに他なりません。

では、二〇～三〇年先の未来社会を今我々は想像できるでしょうか。人工知能（ＡＩ）やビッグデータ、ＩｏＴ、第四次産業革命…。未来社会を語るこれらのキーワードは未来を具体的に予測するものではなく、「未来を予測する最善の方法は、自らそれを創り出すことである」（アラン・ケイ）ことを示しています。だからこそ、これからの子どもたちには、現在の社会で必要とされる知識の習得にとどまるのではなく、新しい社会構造を創り出す力が求められています。しかし、これは超人的な能力ではなく、一三〇年に及ぶ蓄積を持つ学校教育における丁寧な学びのプロセスにおいて確実にその土台を育むことができると確信しています。たとえば、現在人口に膾炙しているプログラミング教育で育まれる資質・能力は、粘り強く考える力、事象を部分と全体で捉え、部分を論理的に組み立てて全体を作り出す力、場合分けをして構造的に思考する力であり、これらはこれまでも算数・数学や理科、国語などで育まれてきました。学校教育全体で、しかも全体を見渡した周到にデザインされた教育課程によって次代を創造する力を育むことにより、未来社会は、教育が社会をリードする時代になると申せましょう。

社会の構造も知識のあり方も根本的に変わろうとしています。その中で子どもたちは、知識の習得に追われるだけではなく――何度も申し上げますが、知識は大事ですから、知識は習得しなければならないのですが――自分の土俵を作って知識を組み立てるという新しい価値を生み出す力こそが求められています。ＡＩに使われるのではなく、ＡＩを創造し、使いこなす力が、グローバル経済を担う人々だけでなく、これからの我が国経済の伸び代であるローカル経済やサービス産業、地域や家庭を担う方々を含むすべての市民に必要になっている。だから、子どもたちをアクティブ・ラーナーにするための主体的・対話的な深い学びを展開することが求められています。そのためにはまず教師自身がアクティブ・ラーナーにならなければなりませんよね。ただ真面目で、人から言われたことはちゃんとやるけれども自分では能動的に動かない人はアクティブ・ラーナーではありません。

大学人が「自ら学ぶ」人に

――そもそも教育学部に入る、先生になりたいという人は、理想とする先生との出会いがある方が多いように見受けられます。そうだとすると、その先生を真似た自分をこしらえようとするでしょうから、「社会が変わるんだから、あなたも変われ」と言われても、難しいのではないでしょうか。

合田　私はそうは思いません。むしろ逆でしょう。

　これも私事で恐縮ですが、私には小・中・高校時代にお世話になり、今でも時折お目にかかる心から尊敬する恩師がいます。それが文部省で仕事をしようと思った一つの背景になっています。教職を志した皆さんもそんな方が多いかもしれません。しかし、その恩師はただ真面目なだけのパッシブ・ラーナーでしたか。アクティブ・ラーニングだから必然性がなくてもとにかく毎回五分間、生徒同士の話し合いの時間を機械的に設けたり、指導案どおりの授業展開をするために新しいアイディアの萌芽を口走った生徒のことをスルーしたりするような先生でしたか。そうじゃないでしょう。一つひとつの知識を構造化して概念的に理解させてくれるような素晴らしい授業をする先生、自分が直面していた隘路をどう乗り越えるか真剣に考えてくれた先生、その当時はあまり理解できなかったけれども間違いなく時代の先を見据えていた先生、科学や文化、スポーツにわたる課外活動で伴走してくれた先生。そんなアクティブ・ラーナーだったのではないでしょうか。

　家庭や地域といった環境が大きく変化する中で先生は大変な仕事であると、六年間のＰＴＡ会長経験からも実感する一方で、先生は教え子にとっては生涯「先生」であり、その教え子を通じ、まさに三〇年後、四〇年後の社会を創造することができる、最もクリエイティブで重要な仕事だと強く思っています。一人ひとりの先生に、このような自分が教職を志した原点に立ち返っていただくことが大変大事なことではないでしょうか。

——何度も学習指導要領は改訂されていますが、それに伴って教員養成はどう変わるのか、こちらも整理して、私たちに見せていただきたいなと思います。

合田　先程申し上げたとおり、今、学習指導要領は、知識の体系から資質・能力の体系へと大きく転換しようとしています。その背景には社会や経済の構造的変化の中で、次代を創造する子どもたちに求められる資質・能力をどう育むかという問題意識があります。それを踏まえて、国立教員養成大学・学部がどのような教員養成を行うかについて、大学人自身が問われているのはご指摘のとおりです。

——大学人の主体性に任せるわけですか。

合田　しかし、これがラストの、しかも最大のチャンスですよ。子どもたちをアクティブ・ラーナーにするには、教師がアクティブ・ラーナーでなきゃいけないし、教員養成を担う大学人がアクティブ・ラーナーにならなければなりませんよね。

——なるほど、大学人がアクティブ・ラーナー。道徳の特別教科化というのは、日本の教育システム全体に関わる話なのですね。

合田　アルファ碁に代表されるようにＡＩが急成長したのは、今までみたいに一つずつ情報を記憶させるのではなく、膨大な情報をディープ・ラーニングで処理して、人間のように大量のデータから概念を獲得し、直感的な判断ができるようになったからと言われていますよね。

　人間が知識を獲得する学習過程を模したディープ・ラーニングがＡＩの飛躍的進化の鍵だったことを教育に携わる者はしっかりと受け止める必要があると思います。各教科の学び、総合的な学習の時間での探究活動などもこのような観点からもう一度捉え直すことが求められています。
このような時代において教師として教壇に立とうとしている目の前の学生に対して、教員養成大学・学部はどんな資質・能力を付けるのか。そのビジョンや組織力、実行力が問われています。四年間で学生をどこまで伸ばしたかを明確に発信できる大学のみが、社会的に存在意義が認められるのではないでしょうか。

ひとこと

学習意欲の乏しい学生を前に、「高校のツケを押し付けられている」とこぼす大学教員は少なくない。一方、高校教員は「小中学校のツケ」と嘆く。「学びのリレー」は分断されている。だが、つなぎ直せる最大の担い手は、現場の教師たち、そして教師を養成するすべての大学だろう。道徳の特別教科化に起爆剤としての役割を期待したい。（奈）

第2章
特別教科化って何？
――道徳が教科になるということ――

道徳教育が重要なのはわかった。でもわざわざ教科にしなくても、今の授業を改善すればいいんじゃないだろうか？　ましてや検定教科書ができると自由な授業ができなくなってしまい、価値観の押し付けのような授業になってしまうんじゃないか？　そうした心配をお持ちになる方も多いかと思います。「特別の教科　道徳」では、むしろ逆にそのような疑問を持つこと、考えることをさらに大切にしようとしています。教科書は授業の質を担保するためにも必要であり、教科書会社の、創意工夫による多様な教科書が期待されます。本章では、なぜ「教科化」なのか？　なぜ「特別」なのか？　教科書をどう使うのか？「特別の教科　道徳」の設置で何か変わるのか？　こうした疑問について解説します。

Q1 なぜ、「教科」にしなければならないの？
（「特別の教科」の必要性）

「道徳の時間」に指摘された課題

教育基本法は、第一条で「人格の完成」を目指すことを教育の目的としています。「人格の完成」を目指すための基盤となるのが道徳性であり、その道徳性を育てることが道徳教育の使命です。中でも、「道徳の時間」の役割は重要でした。

「道徳の時間」は、一九五八（昭和三三）年に小中学校の教育課程の中に設けられました。「道徳の時間」は教科として設置されたわけではなく、週一時間の授業は原則として担任が行います。また、教科書もなく、他の教科のように数値による評価もありません。

残念なことに、「道徳の時間」には、設置されて以降、多くの課題が指摘されてきました。たとえば、「歴史的経緯に影響され、いまだに道徳教育そのものを忌避しがちな傾向があること」「道徳教育の目指す理念が関係者に十分に共有されていないこと」「教員の指導力が十分でなく、道徳の時間に何を学んだかが印象に残るものになっていない」「他教科に比べて軽んじられている」などの点が問題視されてきました。

「道徳の時間」が、席替えの時間に充てられたり、運動会の練習に振替えられるといった例も決して珍しいことではありません。また、道徳の授業はしても、毎回、ＮＨＫのテレビ番組を見て、その感想を書いて終わり、という形式的な授業も少なくありませんでした。これでは、道徳教育の使命を果たしているとはいえません。

内閣に設置された教育再生実行会議が、二〇一三（平成二五）年二月に取りまとめた第一次提言「いじめ問題等への対応について」において、現在の道徳教育が所期の目的を十分に果たしておらず、子どもたちがより良く生きるための基礎となる力を育てるために「道徳を新たな枠組みによって教科化」することを求めたのはこうした状況を背景にしています。

教科として充実をはかる

道徳を教科化することの必要性は、そればかりではありません。道徳の授業が十分に機能していない中で、子どもたちの状況はより深刻なものとなっています。たとえば、いじめ問題などに起因して、子どもの心身の発達に重大な支障を生じる事案や、尊い命が絶たれる痛ましい事案も少なくありません。いじめなどの深刻な事案を早い段階で発見し、本質的な問題解決に向かうことは、学校教育が取り組むべき喫緊の課題となっています。

子どもが命の大切さを知り、自己肯定感を高め、他者への理解や思いやりや規範意識、自主性や責任感などの人間性や道徳性を育成することは、これからの道徳教育が直接に担うべき重要な課題と言えます。

そのためには、道徳授業の学びを改善し、より効果的な指導法を確立すると共に、教材をさらに充実させることが必要です。

道徳の教科化は、子どもたちの道徳性を育成するという道徳教育の使命をより効果的に実現するための必要不可欠な措置であったと言えます。

ここがポイント

◉教科化の目的は、子どもたちの道徳性を育成するという道徳教育の使命を効果的に実現することである。

◉教科化は、道徳授業の教材を充実し、効果的な指導法へと転換することを柱としている。

（貝塚茂樹）

Q2 なぜ、「特別の教科」なの？

（「特別の教科」の意味）

不明確な「教科」の定義

現在の学校の教育課程は、国語、数学、理科などの「各教科」と教科以外の「道徳」「総合的な学習の時間」などから構成されています。私たちは、「教科」といいますが、実は「教科」について明確な定義があるわけではありません。歴史的にいえば、明治の近代教育の出発から一九四五（昭和二〇）年までの教育課程は「教科」しかありませんでした。したがって、「教科」についてとくに定義することが必要でもなかったのです。

一般に「教科」は、児童生徒の知的な資質・能力を育むものであり、教科外の指導は、児童生徒の自主性や民主的態度、行動力等の資質・能力を育むことという区別がされることもあります。ただし、今日では「系統的に組織化された文化内容を教授する」ものと定義されることが一般的です。

また、制度的には、①免許（中・高等学校においては当該教科の免許）を有した教員が、②教科書を用いて指導し、③数値等による評価を行うことなどが、「教科」の特徴として挙げられます。

「特別の」にはどのような意味があるのか

従来の「道徳の時間」は、今後は「特別の教科　道徳」となります。しかし、「特別の教科」という概念は、これまでの教育課程にはありませんでした。

「特別の」がついたことで、一般の「教科」とは別物と理解されることがあります。また、「教科」とは位置付けられなかったために、「教科」からは一段低いものであるとする指摘も見受けられます。しかし、そうではありません。

では、なぜ、「特別の教科」とされたのでしょうか。それは、教育課程における道徳教育の位置付けによるものです。「道徳の時間」は、教科ではありませんでしたが、学習指導要領に基づき、系統的な指導により道徳的諸価値に関わる知識・技能を学ぶという「教科」と共通する側面がありました。

その一方で、「道徳の時間」には、教科以外の指導という側面も持っています。系統的な道徳的諸価値の学びを踏まえて、自ら考え、道徳的行為を行うことができるようになるための道徳性を目指しているためです。

今後は、この二つの側面の総合的な充実を図ることが重要であり、「特別の教科」という名称には、こうした意味が込められています。

また、「道徳の時間」と同様に、「特別の教科　道徳」には、それ自体の体系的な教育活動だけでなく、学校の教育活動全体を通じた道徳教育の「要《かなめ》」としての役割を果たすという他の教科にはない使命を担っていることも重要です。

さらに、「特別の教科　道徳」では、児童生徒の人格全体に関わる力の育成という観点から、①数値による評定はしない、②当該教科の免許を持つ専門の教員ではなく、学級担任を中心に授業を行う、という一般の「教科」とは異なる制度的側面があることも大きな理由と言えます。「特別の教科」とされたのは、以上のような道徳教育の特性によるものです。

（貝塚茂樹）

ここがポイント

◉「特別の教科」には、「教科」の側面と教科以外の指導の側面の総合的な充実を図る意味がある。
◉「特別の教科」とされたのは、従来の教科とは異なる制度的側面があるためである。

Q3 教科になると学校で重視されるようになるの？
（学校全体での取組の推進）

道徳が「特別の教科」になることで、これまで以上に、道徳の指導方法に関する研究や教材研究が活発となり、各学校における道徳の指導が充実することを期待しています。

これまでの道徳の時間

これまでも小学校、中学校においては週一コマの道徳の時間が設けられており、学習指導要領に基づいてその指導が行われてきました。また、文部科学省においても道徳の時間の指導の充実が図られるよう、これまで「読み物資料集」や「心のノート」、「私たちの道徳」などの教材を作成し、各学校等に配付してきました。

しかし、いじめの問題などに起因して、道徳教育の重要性が改めて認識され、その抜本的な充実を図ることが求められるようになりました。また、グローバル化が進展する中で、多様な価値観の存在を認識しつつ、他者と対話し協働しながらよりよい方向を目指す資質・能力を備えることがこれまで以上に重要であり、こうした資質・能力の育成に向け、道徳教育の果たす役割はますます重要となっています。

「特別の教科」として改善・充実を図る

道徳の時間を、特別の教科と位置付けるに当たっては、教育再生実行会議や文部科学省に設置された道徳教育の充実に関する懇談会、中央教育審議会において、専門的な議論が行われました。

そこではQ1で述べられているとおり「他教科に比べ軽んじられている」ことや、「教員の指導力が十分でなく、道徳の時間に何を学んだかが印象に残るものとなっていない」などの課題が指摘され、全体として道徳教育は、不十分な状況にあるとされています。これらの課題を真摯に受け止めると共に、前述のように道徳教育の果たすべき役割がますます重要性を増している時代背景に鑑みれば、量的及び質的の両面において、その実質化を図ることが急務となっています。

「道徳教育推進教師」の登場

文部科学省では、この度の教科化により週一コマの道徳が確実に実施されるという量的確保と、子どもたちが、道徳的価値についてこれまで以上に深く考えるという質的な転換が図られることを目指しています。これまでの学校文化、教員文化に鑑みれば、教科化に伴う「検定教科書」の導入により、量的な確保についてはしっかり取り組まれるものと考えられます。一方の質的な転換については、たとえば問題解決的な学習などの質の高い多様な指導方法が、各学校や子どもたちの実態に応じてさまざまに展開されることにより、実現されることを期待しています。

そのためには、道徳教育推進教師が中心となり、たとえば、互いの道徳科の授業参観や指導力向上のための研修等、全教職員が主体的な参画意識をもち道徳科の授業力の向上を図ることができるような取組を計画するなど、学校全体の取組として推進していくことが重要です。

ここがポイント

◉特別の教科になることによって道徳の指導の一層の充実が図られることを期待。

◉道徳教育推進教師を中心とした学校全体での道徳教育の取組が求められる。

（栗林芳樹）

Q4 道徳は、「特別の教科　道徳」（道徳科）だけで教えられるの？

（道徳科を要《かなめ》としつつ、すべての教科等で育む道徳性）

道徳教育は、学校の教育活動全体で行う

「特別の教科　道徳」（以下、道徳科）が設置されると、学校の道徳教育は、道徳科だけで行うかのような誤解があります。しかし、道徳教育は道徳科だけで行うわけではありません。たとえば、小学校学習指導要領は、道徳教育の目標を次のように示しています。

「学校における道徳教育は、特別の教科である道徳（以下、「道徳科」という。）を要《かなめ》として学校の教育活動全体を通じて行うものであり、道徳科はもとより、各教科、外国語活動、総合的な学習の時間及び特別活動のそれぞれの特質に応じて、児童の発達の段階を考慮して、適切な指導を行わなければならない」

学校における道徳教育は、自己の生き方を考え、主体的な判断の下に行動し、自立した一人の人間として他者と共に、よりよく生きるための基盤となる道徳性を育成することを目標としています。

道徳性を育成することは、教育の根幹に関わる重要な課題です。教育基本法が、教育の目的として、第一条に「人格の完成」を掲げているのは、そのことを明確に示しています。

学習指導要領は、人間尊重の精神と生命に対する畏敬の念を前提に、人が互いに尊重し協働して社会を形づくっていく上で共通に求められるルールやマナーを学び、規範意識をはぐくむことを道徳教育の役割としています。また、道徳教育は、人としてよりよく生きる上で大切なものとは何か、自分はどのように生きるべきかについて、時には悩み、葛藤しながら考えを深め、自らの生き方を育んでいくという使命を持っているとしています。

各教科・領域の特質に応じた道徳教育と道徳科

学校における道徳教育の役割と使命を実現するために、道徳科が中心となることはいうまでもありません。しかしそれは、道徳科だけで道徳教育が達成されるわけではないことをも意味しています。

たとえば、国語科で表現力と理解力を育成し、互いの立場や考えを尊重しながら言葉を伝える力を高めることは道徳性の基盤となり、思考力や想像力を養い、言語感覚を豊かにすることは、道徳的心情や道徳的判断力を養う基本となります。

また、外国語を通じて外国の言語や文化に対する理解を深めることは、世界の中の日本人としての自覚をもち、国際的視野に立って、世界の平和と人類の幸福に貢献することにもつながります。

つまり、学校でのすべての教科・領域の学びが、道徳教育という観点から相互に関わり合いを持つと同時に、それらが道徳科の学びと密接に結びついた学習となることで、児童生徒の道徳性の育成が豊かに育成されるわけです。

その意味で道徳科での学びは、各教科・領域での学びを補ったり、深めたり、相互の関連を発展させたり、統合させたりする中核的な役割を果たします。学習指導要領の「要《かなめ》」とは、道徳科と各教科・領域での道徳教育との密接な関係を表現したものであり、「カリキュラム・マネジメント」の視点ともつながります。

（貝塚茂樹）

ここがポイント

◉道徳教育は、学校の教育活動全体で行うものである。

◉「特別の教科　道徳」は、教育活動全体で行う道徳教育の中核的な役割を果たすものである。

Q5 道徳科が「要《かなめ》」ってどういうこと？
（学校の教育活動全体の中での道徳科の役割）

「扇の要」としての役割

「扇の要《かなめ》」という言葉があります。扇とは扇子（せんす）のことで、要《かなめ》とは「物事の最も大事な点や事柄。また人物。要点」（『大辞林』）のことです。「扇の要」とは、厳密には「扇の骨をとじあわせるためにはめる小さなくぎ」のことですが、一般的には、全体がバラバラにならないように重要な役割を果たす事柄や人物を指すものとして理解されることが多いと言えます。

学習指導要領は、道徳教育の目標について、「学校における道徳教育は、特別の教科である道徳（以下、「道徳科」という。）を要として学校の教育活動全体を通じて行うもの」と規定しています。学校での道徳教育は、道徳科はもとより、各教科、外国語活動、総合的な学習の時間及び特別活動のそれぞれの特質に応じて行うことを基本として、あらゆる教育活動を通じて適切に行うことが必要です。

中でも道徳科は、扇の「要」が要所を押さえて中心で留めるように、学校の教育活動全体における道徳教育の中心的な役割を担うことになります。道徳科は各教科等での道徳教育としては取り扱う機会が十分でない内容項目に関わる指導を補う役割を果たします。また、児童生徒の実態等を踏まえて指導をより一層深めることや内容項目の相互の関連を捉え直したり発展させたりすることも道徳科の重要な役割です。

言い換えれば、学校の教育活動全体で行う道徳教育の要所を押さえて、中心で留める役割を果たすのが道徳科ということになります。

道徳科と各教科・領域を有機的に関連させる

道徳科の大きな特徴は、学校の教育活動全体を通じて行う道徳教育との関連を明確にして、児童生徒の発達段階に即しながら、道徳的諸価値に含まれた内容を計画的・発展的に指導することにあります。

もちろん、各教科や特別活動等には、それぞれの特質に応じた目標があります。また、各教科のように計画的に行うことが主となる活動もあれば、日常の教育活動で見られる具体的な行動の指導を通して行う活動もあります。それぞれの特質を踏まえた道徳教育を行うことが必要ですが、各活動と道徳科とが有機的な関連性を持つことが重要です。

たとえば、学級活動における望ましい集団活動や体験的な活動は、児童生徒がよりよい生活を築くための諸課題を見出し、これらを協力して解決していくための自治的な活動です。こうした活動を通して、子どもたちは悩みや葛藤を経験しながらよりよい人間関係を実際に学びますが、それが道徳科での学びと関連することでより自覚的なものとなります。

道徳科における道徳的諸価値についての学びが、特別活動の具体的な場面で生かされることで、道徳科との有機的な指導が可能となるわけです。しかも、こうした有機的な指導が行われ、道徳科が「要」としての役割を果たすことが、各教科や特別活動等での学びをさらに効果的なものとすることになります。

（貝塚茂樹）

ここがポイント

◉「要」とは、「特別の教科　道徳」が、学校の教育活動全体で行なう道徳教育の中心的な役割を果たすことである。

◉「特別の教科　道徳」と各教科・領域との有機的な関連が、道徳的諸価値の学びをより効果的なものとする。

Q6 道徳教育の目標にある「他者と共によりよく生きる」ってどういうこと？（学校における道徳教育の目標）

人間は「善さ」を求めている

道徳とは何かを考えることは、結局は人間とは何かを考えることでもあります。しかし、人間をどのように定義するかは、極めて根源的な問題であり、簡単に結論が出るわけではありません。「人間は理性的な動物である」「人間は自然的に国家的な動物である（アリストテレス）」「人間は考える葦である（パスカル）」などを例に挙げるまでもなく、哲学、宗教、文学をはじめとする諸科学は、究極的には人間の本質とは何かという問いを追究してきたとも言えます。

それでも、人間存在については、二つのことが言えるでしょう。一つは、人間が自分以外の他者と関わりを持たなければ生きていくことができないということです。私たちは、この世に生を受けた瞬間から、他者との関わりなしには、生命を維持していくことさえできません。もちろんそれは、身体的な側面だけではなく、精神的な側面においても同じです。他者とのつながりは、人間が生きていく上で不可欠です。

もう一つは、人間が善悪を問題とする動物であるということです。しかも人間は、「善く生きようとする」存在、「善さを求めて生きている」存在でもあるということが重要です。教育哲学者の村井実氏は、この点を次のように述べています。

「つまり人間は、モノであり、動物であり、また政治的であったり経済的であったりしながら、同時につねに根本的に善く生きようとしているのである。その意味で、この善く生きようとしているということが、他のさまざまの性質に優先する、人間のもっとも根本的な性質でなければならない」（『道徳教育原理』）。

「善さ」の基準となるのは道徳的諸価値です。私たちは、道徳的諸価値に基づいて、他者と「よりよく生きる」ための関係性を考え、求め続けなければならない存在であるとも言えます。

学校における道徳教育の目標

道徳教育は、学校の教育活動全体を通じて行う教育活動です。学習指導要領（小学校）において道徳教育の目標は、「教育基本法及び学校教育法に定められた教育の根本精神に基づき、自己の生き方を考え、主体的な判断の下に行動し、自立した人間として他者と共によりよく生きるための基盤となる道徳性を養う」とされています。ここでいう「他者と共によりよく生きる」ことは、人間の本質と連続するのは明らかです。「よりよく生きる基盤となる道徳性を養う」という道徳教育の目標を実現するために、道徳科（小学校）では、「道徳的諸価値についての理解を基に、自己を見つめて、物事を多面的・多角的に考え、自己の生き方についての考えを深める学習を通して、道徳的な判断力、心情、実践意欲と態度を育てる」役割を果たすことになります。

学習指導要領は、人間が「よりよく生きる」ことを常に求める存在であることを前提とした上で道徳科の役割を示しています。

ここがポイント

◉人間は、他者との関係性の中で、「善く生きようとしている」存在である。

◉道徳教育は、道徳的諸価値の理解を基に、他者と共に「よりよく生きる」ための関係性を考え、求め続けることでもある。

（貝塚茂樹）

Q7 道徳で教える「内容」って何？
（内容項目の説明・今回の改訂で追加された内容・発達段階と系統性）

学習指導要領の内容項目

「特別の教科　道徳」（以下、道徳科）の授業では、具体的に何を教え、子どもたちは何を学ぶのでしょうか。学習指導要領には、道徳科の内容として、小学校の低学年、中学年、高学年及び中学校の発達段階に即して、重要と考えられる基本的な道徳的諸価値が内容項目という形で示されています。

内容項目は、「友達と互いに理解し、信頼し、助け合うこと」（小学校）というように、子どもたちが他者とよりよく生きていく上で必要な道徳的価値を含む内容を、短い文章で平易に表現したものです。同時にそれは、教師と子どもたちが人間としてのよりよい生き方を求め、共に考え、共に語り合い、その実現に努めるための共通の課題ということもできます。

道徳科では、これらの内容項目は、四つの視点で分類されています。その四つの視点とは、「A　主として自分自身に関すること」「B　主として人との関わりに関すること」「C　主として集団や社会との関わりに関すること」「D　主として生命や自然、崇高なものとの関わりに関すること」です。また、道徳科では、内容項目ごとに、自主、自立、自由と責任、公徳心、社会正義など、その内容を端的に表す言葉（キーワード）が付されています。

四つの視点は、自分から他人、集団と社会、自然や崇高なものへと向かう関係性が、同心円的に徐々に拡大していくイメージとして捉えればわかりやすいでしょう。もちろん、四つの視点は、それぞれに独立しているわけではなく、相互に深い関連を持っています。したがって、道徳科の年間指導計画では、自分自身に関することが基盤になって、人との関わりや、生命や自然、超越的な存在との関わりへと視野を広げつつ、再び自分自身の視点へ戻るようなプロセスで発展させていくことなども考えられます。

内容の系統性と現代的な課題への対応

道徳科の内容項目は、小学校低学年が一九項目、中学年が二〇項目、高学年が二二項目であり、中学校は二二項目にまとめられています。道徳の指導においてふさわしい内容項目を精選し、小学校から中学校までの九年間の学びを視野に入れて示したものです。

具体的な指導では、内容項目間の関連を十分に考慮しながら、子どもたちの実態や発達段階を踏まえて指導の順序を工夫したり、重点的に指導することが必要となります。

また、道徳科では、いじめ問題への対応に関する記述を充実させ、小学校では、「個性の伸長」「相互理解、寛容」「公正、公平、社会正義」「国際理解、国際親善」「よりよく生きる喜び」の内容項目が追加されました。さらに、現代的な課題の扱いについては、たとえば、「情報モラル」「遵法精神、公徳心」「国際理解、国際貢献」「生命の尊さ」「自然愛護」などの「科学技術の発展と生命倫理との関係や社会の持続可能な発展」に関わる内容が重視されます。

ここがポイント

◉道徳科の内容項目は、子どもたちが学ぶ道徳的諸価値の内容を発達段階に即して平易に表現したものである。

◉道徳科では、内容の体系化と共に、いじめや「情報モラル」など現代的課題への対応が重視される必要がある。

（貝塚茂樹）

Q8 検定教科書ができるの？

（検定教科書による質の高い教材の提供）

検定教科書が使用される

「特別の教科　道徳」（以下、道徳科）においては、教科書が使用されます。こういうと、「今までは使われてきた読みもの資料は、教科書じゃなかったの」という質問がありそうです。また、道徳の授業でも、先生が「教科書の○○頁開いて」ということも決して珍しいことではありませんでした。先生も子どもたちも教科書ということに無頓着であったのかもしれません。しかし、これは正しくはありません。なぜなら、「道徳の時間」には、そもそも教科書はないからです。

では、「道徳の時間」で使われてきた「読み物資料」や「私たちの道徳」は何なのでしょうか。これらは「教科書」と同じような体裁ですが、一般的には、副読本や補助教材と言われ、教科書とは区別されるものです。

法律において教科書は、学校の教育課程における教科で使用される「主たる教材」として編集された図書と定義されています（「教科書の発行に関する臨時措置法」第二条）。簡単にいえば、教科で使用する「主たる教材」が教科書です。つまり、教科でなかった「道徳の時間」には教科書はありませんでしたが、「道徳の時間」が道徳科となることで、教科書が使用されることになるわけです。

また、副読本や補助教材とは違い、教科書が子どもたちの手にわたるまでには、編集→検定→採択→発行（製造・供給）及び使用、という一連の手続きが必要となります。学習指導要領や教科用図書検定基準に基づいて編集、検定された教科書が、教育委員会（公立学校）や校長（国・私立学校）によって採択されます。

さらに、教科の授業においては、原則として教科書を使用しなければならないという使用義務があり（学校教育法第三四条等）、義務教育諸学校で使用される教科書は、すべての児童生徒に対して、国の負担によって無償で給付されるという無償給与制度が適用されることになります（「義務教育諸学校の教科用図書の無償に関する法律」第一条）。

教科書で質の高い教材を提供する

教科書が使用されることで道徳科の授業が画一化し、窮屈になるのではないかという心配もあるようです。しかし、道徳科の目標や内容を体系的に充実させるためには、どの学校においても、どの教員においても一定の水準を満たした道徳の授業を実施するための質の高い教材が必要になります。それは道徳科だけでなく他の教科においても同じです。

教科書検定制度は、教育基本法及び学習指導要領に基づいた教科書の著作・編集を民間に委ねることにより、発行者の創意工夫に期待し、検定によって適切な教科書を安定的かつ継続的に子どもたちに提供することを目的としたものです。

中教審答申「道徳に係る教育課程の改善について」が、「教材の具備すべき要件に留意しつつ、民間発行者の創意工夫を生かすとともに、バランスのとれた多様な教科書を認めるという基本的な観点に立ち、中心となる教材として、検定教科書を導入することが適当である」と提言したのもそのためです。

（貝塚茂樹）

ここがポイント

◉道徳科では、使用義務のある検定教科書が使用され無償で配布される。

◉検定教科書の導入は、質の高い適切な教材を子どもたちに提供することが目的である。

Q9 教科書以外の教材は使えるの？
（多様な補助教材を用いた効果的な指導）

補助教材の使用は可能

「特別の教科　道徳」（以下、道徳科）では、他の教科と同じように教科書が使用されます。

では、道徳科の授業は、教科書だけで行うのでしょうか。そうではありません。教科書が「主たる教材」であることは間違いありませんが、補助教材を使用することはできます。これも他の教科との違いはありません。

法律では、「教科用図書以外の図書その他の教材で、有益適切なものは、これを使用することができる」（学校教育法第三四条第二項）と規定されています。ここでいう教科用図書は教科書のことです。

補助教材の選定は、その教材を使用する学校の校長や教員が行い、教育委員会は、補助教材の使用について、「あらかじめ、教育委員会に届け出させ、又は教育委員会の承認を受けさせることとする定めを設ける」と規定されています（地方教育行政の組織及び運営に関する法律第三三条第二項）。

一般的に補助教材としては、副読本、学習帳、ドリル、資料集、新聞、スライド、ＤＶＤなどがあります。補助教材が効果的に使用されることで、授業の展開が工夫され、学習内容を豊かなものとすることが可能となると言えます。

補助教材の使用にあたっては、著作権の問題について注意することが大切です。基本的には、著作権者以外の者が著作物を利用する場合には著作権者の承諾を得る必要があります（著作権法第六三条）。ただし、学校において、授業の過程で供することを目的とする場合には、必要と認められる限度において、著作物を自由に利用することが認められています（著作権法第三五条）。

多様な教材を活用した効果的な指導

道徳科では、人間の生き方やあり方に関わる内容を多面的・多角的に学ぶことが必要です。そのためには、幅広い視点からの多様な補助教材として活用することは、授業のねらいをより明確にする意味でも効果的と言えます。

具体的に道徳科では、たとえば、古典、随想、民話、詩歌などの「読み物資料」や映像ソフトなどの情報通信ネットワークを利用した教材、新聞、写真、マンガなどの資料を補助教材として使用することが考えられます。

とくに各地域にねざした地域教材（郷土資料）や先人・偉人に関する教材を活用することで、子どもたちに身近で親しみを与える魅力的な授業をすることが期待されます。地域教材を用いた授業では、地域の人を招いて協力して学習を進めることも考えられます。

教科書での学びの上に、多様な教材を効果的に組み合わせて授業を展開することは、道徳的諸価値についての理解を深めるためにも有効と言えます。そのためにも教師には、多様な補助教材を見出し、開発する努力が必要となります。また、副教材の特質を踏まえながら、授業のねらいを達成するための効果的な指導のあり方についても常に創意工夫を重ねる姿勢が求められます。

（貝塚茂樹）

ここがポイント

◉道徳科では、教科書以外の補助教材を使用して授業することが可能である。

◉道徳授業では、多様な教材を活用した効果的な指導のための創意工夫が求められる。

Q10 教科になると子どもの実態に柔軟に対応できないんじゃないの？（教科書偏重の懸念）

教科になると検定教科書ができることから、同じ教材を用いた画一的な指導が行われるのではないかという御懸念かと思います。確かに教科になると検定教科書を使用することが求められますが、このことは、教科書どおりに画一的に指導することを求めているわけではありません。

教科になった後も、学校や児童生徒の実態に応じて柔軟に対応することが重要であることを教材や指導方法の工夫のという視点から考えてみたいと思います。

さらなる教材の活用が必要

中央教育審議会答申においては教科書について「検定教科書が供給されることとなった後も、道徳教育の特性に鑑みれば、教科書の内容を一方的に教え込むような指導が不適切であることは言うまでもない」、「教科書のみを指導するのではなく、各地域に根ざした郷土資料など、多様な教材を併せて活用することが重要」とされています。教科書以外の教材の使用については、Q9で述べられているとおりですが、教科化された後も、教科書と併用して多様な教材を使用することが求められると共に、教科書を作成する民間発行者においても、そのような指導が可能となるような教科書の工夫が求められることになります。

たとえば、文部科学省が作成した「私たちの道徳」は主に読み物部分と、書き込み部分とで構成されており、「私たちの道徳」のみを使って授業を展開することもできますが、一方で写真やコラム、各種データなど多様な内容や形式の教材を掲載しており、これらを他の教材と組み合わせ工夫しながら授業を展開することもできます。また、他の教材を中心としながら、書き込み部分のみ活用するということも考えられます。

教師に求められる指導方法の工夫

　文部科学省では、学校教育法施行規則において授業時間数を、学習指導要領において指導内容を定めていますが、それをどのように指導するかという指導方法については、まさに教師の創意工夫によるところとなります。したがって、教師個人がその持ち味を生かし、内容項目をよく理解し、本時の授業のねらいをしっかり設定した上で、それを目の前の児童生徒に指導するにはどのような方法が適切なのかを判断し、指導に当たることが求められます。たとえば、同じ教材を活用したとしても、登場人物に自分を投影して考えることを中心とした指導をするのか、問題解決的な学習を取り入れた指導をするのか、また道徳的行為に関する体験的な学習を取り入れた指導をするのか、それらを織り交ぜた指導をするのかなど、指導方法はさまざまです。また、教材を授業のどこで提示するのかによっても展開は変わってくるでしょう。さらに、一つの授業で複数の道徳的諸価値を扱うことも可能ですし、複数の価値を扱った方が効果的な場面もあります。

　以上のように、教科化され教科書ができるからといって、道徳の授業が画一化するわけではありません。むしろ創意工夫を生かした特色ある取組が各学校において展開されることを期待しています。

ここがポイント

◉教科書及び教科書以外の教材をさまざまに活用することによって創意工夫ある授業が可能。
◉指導方法をさまざまに工夫することによって児童生徒の実態に応じた指導となることを期待。

（栗林芳樹）

Q11 誰が道徳の授業をするの？

（学級担任の道徳科指導力）

学級担任が授業をするのが原則

「特別の教科　道徳」（以下、道徳科）では、小中学校共に年間三五時間（小学校一年生は三四時間）の授業が行われます。道徳の授業は、原則として学級担任が行うことになります。

学級経営においては、学級担任が子どもたちの実態を十分把握していることが必要です。とくに、子どもの人格性に関わる道徳教育では、教師と子どもの人間関係が土台となるために、効果的な授業をするためには、子どもたちの実態を日常的に見ている学級担任が望ましいと説明されています。

しかし、道徳授業は学級担任だけが授業をしなければならないというわけではありません。校長や道徳教育推進教師を中心に作成される学校の全体計画や年間指導計画に基づいて、校長や教頭が道徳授業を行ったり、他の教師と協力して授業をすることも大切です。この点は、従来の「道徳の時間」とも変わりません。

実際に中学校では、各学年の学級担任が、それぞれに同じ授業を学年すべての学級で行う、「ローテーション」の実践や、「学年道徳」や「全校道徳」として、学年単位や学校全体で道徳授業を行うといった実践も試みられています。

また、効果的な道徳授業を行うためには、教師だけでなく、家庭や地域の人々や各分野の専門家等の協力を得ることを積極的に検討する必要があります。こうした試みは、子どもたちが、身近で専門的な話を直接に聞く貴重な機会となるばかりではなく、学校と地域、家庭との共通理解を深め、相互に連携するという点においても重要な意味を持つと考えられます。

そのためには、学校が道徳科の授業を公開したり、授業の実施や地域教材の開発や活用についても、家庭や地域の人々や専門家等に積極的な参加と協力を求めることが必要と言えます。特に、授業を公開することは、学校での道徳教育への理解と協力を得るためにも重要です。

誰が授業をするのがいいのか

効果的に道徳授業を行うためには、子どもたちの実態を十分把握している学級担任が原則として授業を行うということは説得力があります。しかし、海外に目を向けてみると、特に中学校の道徳（宗教や公民の場合も多い）の授業を学級担任が行うというのは必ずしも多いわけではありません。

フランス、韓国など道徳を教科として設置している国では、小学校では学級担任が授業を行い、中学校では、専門免許を持った教員が授業を行っています。

また、道徳科の設置にあたっても、とくに中学校段階では、生命倫理や環境倫理など専門的な知識が求められるなどの点から専門免許を持った教員が担当することが効果的であるという意見もありました。

誰が道徳科の授業を担当するのがいいのかという問題は、さらに議論が必要な今後の検討課題の一つと言えるでしょう。

（貝塚茂樹）

ここがポイント

◉「特別の教科　道徳」の授業は、学級担任が行うことが原則である。

◉道徳授業は、家庭や地域の人々、さらには専門家等と連携・協力して行うことも必要である。

Q12 授業の中身はこれまでと変わらないんじゃないの？
（「考え、議論する道徳」への質的転換）

「読み取り道徳」の限界

これからの時代を生きる子どもたちは、さまざまな価値観や言語、文化を背景とする人々と相互に尊重し合いながら生きていくことがこれまで以上に求められるでしょう。そのため、子どもたちには、多様な価値観の存在を認めつつ、自ら考え、他者と対話し協働しながら、人としての生き方やよりよい社会の実現を模索し、考え続けようとする資質・能力が必要です。そのための基盤となるのが道徳性です。

しかし、こうした資質・能力の育成に対して、これまでの道徳教育が十分な成果を上げてきたとはいえません。道徳授業では、読み物の登場人物の心情のみを読み取ることに重点が置かれた指導が多く見受けられました。また、子どもたちに望ましいと思われるわかりきったことを言わせたり、書かせたりする授業や、NHKのテレビ番組を見て、感想を書いて終わり、という形式的な授業も少なくないと指摘されてきました。

中央教育審議会は、従来の授業が読み物教材の登場人物の心情理解のみに偏り、「あなたならどのように考え、行動・実践するか」を子どもたちに真正面から問うことを避けてきたと指摘しています。

そして、「自分ならどのように行動・実践するかを考えさせ、自分とは異なる意見と向かい合い議論する中で、道徳的価値について多面的・多角的に学び、実践へと結び付け、更に習慣化していく指導へと転換することこそ道徳の特別教科化の大きな目的である」と述べています。

もちろんこれは、読み物教材の登場人物の心情を考えることを否定しているわけではありません。登場人物の心情と自分との関わりを多面的・多角的に考えることを通して、道徳的価値の自覚を深めることは、道徳教育にとって大切なことです。問題とされたのは、登場人物の心情を単に「読解」させるだけに終始した、言わば「読み取り道徳」のことです。つまり、「特別の教科　道徳」で求められることは、「読み取り道徳」から「考え、議論する道徳」へと「質的転換」することです。

多様な指導方法を選択・実践する

これからの道徳授業では、①登場人物の心情と自分との関わりについて、多面的・多角的に考えることを通し、道徳的価値の自覚を深める自我関与が中心の学習、②子どもたちが生きる上で出会うさまざまな道徳的諸価値に関わる問題や課題を、主体的に解決するために必要な資質・能力を養う「問題解決的な学習」の指導③実際の問題場面を実感的に理解することを通して、さまざまな問題や課題を主体的に解決するために必要な資質・能力を養うための「道徳的行為に関する体験的な学習」がとくに重要となります。

教員は、学習指導要領の改訂の趣旨を踏まえた上で、学校の実態、児童生徒の実態に合わせた多様な指導法を選択することや、それらを改良し組み合わせることで、より適切な指導法を開発・実践することが求められます。

（貝塚茂樹）

ここがポイント

◉「読み取り道徳」から「考え、議論する道徳」への「質的転換」が求められる。

◉教員は、多様な指導法を選択し、より適切な指導法を開発・実践することが必要である。

Q13 学校ごとに違っていいの？

（重点目標と、全体計画の作成・特色ある教育活動）

道徳教育を進めるに当たっては、社会的な要請や学校や児童生徒の道徳性に関わる実態、家庭や地域の期待などを踏まえて、学校長の方針の下、各学校において指導内容の重点化を図ることが大切です。

学校ごとの特色を生かした道徳教育の展開

道徳教育は学校の教育活動全体を通じて行うこととされています。一方で、道徳教育についてどの内容をどの程度行うかは、学習指導要領に規定されていないため、各学校においては、学校長が関係法規や社会的な要請、学校や地域社会の実情、児童生徒の道徳性にかかわる実態、家庭や地域の期待などを踏まえ、学校の教育目標との関わりで道徳教育の重点目標を明示し、それに基づいて作成される「道徳教育の全体計画」を踏まえて道徳教育が行われる必要があります。

道徳教育の重点化

学習指導要領においては、道徳教育を推進するに当たって「各学校において児童（生徒）の発達の段階や特性等を踏まえ、指導内容の重点化を図ること」とされています。重点化について、小学校学習指導要領では「各学年を通じて、自立心や自律性、生命を尊重する心や他者を思いやる心を育てることに留意すること」とした上で、次のように示しています。

・小学校第一学年及び第二学年

挨拶などの基本的な生活習慣を身に付けること、

善悪を判断し、してはならないことをしないこと、社会生活上のきまりを守ること

・小学校第三学年及び第四学年

　善悪を判断し、正しいと判断したことを行うこと、身近な人々と協力し助け合うこと、集団や社会のきまりを守ること

・小学校第五学年及び第六学年

　相手の考えや立場を理解して支え合うこと、法やきまりの意義を理解して進んで守ること、集団生活の充実に努めること、伝統と文化を尊重し、それらを育んできた我が国と郷土を愛するとともに、他国を尊重すること

　各学校においては、こうした学習指導要領に定められた内容にも留意しながら、学校長のリーダーシップの下、道徳教育推進教師が中心となり、各学校としての道徳教育の重点目標を定めるのです。したがって、学習指導要領に示された道徳教育の目標は全ての学校において共通ですが、それらを踏まえた重点目標は各学校の実態等に応じて定められるものであり、このことから各教科等における道徳教育の指導方針は学校ごとに違って当然であると考えられます。

道徳教育を通じたカリキュラム・マネジメント

　なお、道徳教育の重点目標や全体計画の作成は、学校の教育目標を踏まえ横断的な視点で教育課程を編成し教育内容を組織的に配列することであり、また、児童生徒の姿や地域の現状等に基づき教育課程を編成し、実施し、評価して改善を図るといったＰＤＣＡサイクルの確立にも資するものであるなど、カリキュラム・マネジメントの確立にもつながるものです。

ここがポイント

◉学校長の方針の下、道徳教育の重点目標及び全体計画を作成し、特色ある指導を展開することが重要。

◉各学校において、学校や児童生徒の実態に応じて指導の重点化を図ることが求められる。

（栗林芳樹）

Q14 小学校と中学校で何か違いはあるの？（発達の段階に応じた指導）

小学校と中学校とでは、発達の段階に応じて、目標や指導内容が違っています。また、指導方法についても小学校と中学校とでは発達の段階が違うため、配慮すべき事項が異なってくるものと考えられます。以下、小・中学校の違いについて見ていきたいと思います。

よりよく生きるために

まず目標についてです。小学校学習指導要領では道徳科の目標を「よりよく生きるための基盤となる道徳性を養うため、道徳的諸価値についての理解を基に、自己を見つめ、物事を多面的・多角的に考え、自己の生き方についての考えを深める学習を通して、道徳的な判断力、心情、実践意欲と態度を育てる」としています。目標は中学校学習指導要領においても、基本的には同一ですが、中学生の時期はさらに視野が広がり、人生の意味をどこに求め、いかによりよく生きるかという人間としての生き方を主体的に模索し始める時期であることから、「物事を多面的・多角的に」を「物事を広い視野から多面的・多角的に」とし、「自己の生き方」を「人間としての生き方」としています。

発達段階で変わる内容項目

次に内容についてです。学習指導要領においては、内容項目として小学校では低学年で一九項目、中学年で二〇項目、高学年で二二項目、中学校で二二項目としており、それぞれの内容について系統性を持たせ、発達の段階に応じたものとなっています。たとえば、「個性の伸長」では、小学校低学年では「自分の特徴に気付くこと」、中学年では「自分の特徴に気付き、長所を伸ばすこと」、高学年では「自分の特徴を知って、短所を改め長所を伸ばすこと」、中学校では「自己を見つめ、自己の向上を図るとともに、個性を伸ばして充実した生き方を追求すること」としています。自分自身を客観視することが十分にできるとはいえない低学年の段階から、それが徐々にできるようになる中学年の段階、さらに、自分の特徴を多面的・多角的に捉えられるようになる高学年、そして、長所や短所も含めそれを自分自身の向上につなげてこうとする中学校の段階というように、それぞれの発達の段階に応じた指導内容が配置されています。

心情理解だけだと次第に窮屈に

最後に指導方法についてです。文部科学省が平成二四年に実施した「道徳教育実施状況調査」によれば、学年が進むにつれて児童生徒の道徳の授業に対する受け止めが悪くなっているという実態が明らかになっています。このことは、道徳の時間における形式的、画一的な指導が原因ではないかと考えられます。たとえば、小学校低学年段階では、読み物の登場人物に自らを託して考えることができていたものが、成長するにつれて、そういった思考が窮屈になってくるのです。

学習指導要領でも道徳教育の指導について「発達の段階を考慮して、適切な指導を行わなければならない」としています。道徳科の指導に当たっては、発達の段階に応じて指導方法を適切に選択し、児童生徒の実態に応じた指導を行うことが求められています。

ここがポイント

◉学習指導要領上、目標や内容が発達の段階に応じたものとなっている。

◉指導に当たっては、小学校と中学校との発達の段階に十分配慮する必要がある。

（栗林芳樹）

Q15 教科なのに地域や保護者の協力が必要なの？

（社会に開かれた教育課程）

道徳科に限らず各教科等の指導を行うに当たっては、地域や保護者の協力を得ることによって、より充実した指導が展開できるものと考えています。また、これからの学校が目指すべき「社会に開かれた教育課程」を実現する上でも、地域や保護者の協力や理解は非常に重要な視点となります。

「社会に開かれた教育課程」の実現に向けて

平成二八年一二月の中央教育審議会答申の中では、よりよい学校教育を通じてよりよい社会を創るという目標を学校と社会とが共有し、それぞれの学校において、社会との連携・協働によりその実現を図っていくという「社会に開かれた教育課程」を目指すべき理念として位置づけることとしています。さらにこの「社会に開かれた教育課程」を実現する上では、①「教育課程を介してその目標を社会と共有していくこと」、②「社会や世界に向き合い関わり合い、自らの人生を切り拓いていくために求められる資質・能力とは何かを、教育課程において明確化し育んでいくこと」、③「教育課程の実施に当たって、学校教育を学校内に閉じずに、その目指すところを社会と共有・連携しながら実現させること」が重要となるとされています。

また、「新しい時代の教育や地方創生の実現に向けた学校と地域の連携・協働の在り方と今後の推進方策について」（答申）では、地域社会のつながりや支え合いの希薄化等による地域の教育力の低下、学校が抱える課題の複雑化、困難化が述べられており、その対応として、チームとしての学校、教員の資質能力の向上等を図るため、学校と地域の連携・協働の重要性が指摘されています。

授業の公開や講演などで地域と関わる

このような状況を踏まえれば、道徳教育においても地域や保護者との連携が非常に重要となってきます。学習指導要領では、家庭や地域社会との連携による指導について、学校における道徳教育への理解と協力を家庭や地域から得るために、道徳科の授業を公開することが重要であることや、その際、保護者が児童生徒と同じように授業を受ける形での参加の工夫などが述べられています。時には保護者が児童生徒と一緒になって道徳的価値に真正面から向き合うことも意義のある道徳科の時間となるものと考えられます。

さらに、授業前のアンケート調査や児童生徒に当てた手紙の作成等の協力を得ること、家庭における事後の指導の協力を得ること、青少年団体等の関係者、福祉関係者、自然活動関係者、スポーツ関係者の方々などに講師として講演等の協力を得ること、地域教材の開発の協力を得ることなど、地域や保護者の方々に積極的に道徳教育に関わってもらうことによって指導がより充実し、実効性のある道徳教育の展開が期待できます。そしてこのような取組の蓄積が「社会に開かれた教育課程」の実現へとつながるのです。

道徳科の指導は、学校が責任をもって行うことは当然のことですが、地域の人や保護者の方々の理解や協力によって、児童生徒の学びがより深まることが期待できるでしょう。

（栗林芳樹）

ここがポイント

◉「社会に開かれた教育課程」を目指す上で、地域や保護者の協力は欠かせない。

◉地域や保護者の理解や協力を得ることで、学校における道徳教育が一層充実する。

松本美奈のここが聞きたい②

——修身科の学問的検証を「道徳科」に活かす——

松本美奈×貝塚茂樹

道徳教科化に際して、「修身科の復活」を強く懸念する声を聞いてきた。修身科とはそれほど恐しいものなのか。その功罪はどのように検証されているのか。学ぶべきことはないのか。

他者とどう関わるかという「知恵」

——よろしくお願いします。まず、合田さんと同じ質問からいきましょう。道徳とは何でしょうか？

貝塚茂樹（以下、貝塚）　人間は、自分一人では生きていくことができません。したがって、自分以外の他者と関わり、つながらなければ生きていくことはできないわけです。私は、自分が他者とどう関わるかという知恵であり方法が道徳だと思っています。私たちが他者と関わり、つながっていくための最も基盤になるものが道徳で、それは歴史的に醸成されてきた結晶のようなものだと思います。私たちが社会生活をしていく上での基本となるものでもあり、物事を判断していく土台となるものではないでしょうか。

つまり、哲学の中に道徳が含まれるのではなくて、人間のあらゆる活動の基盤となるものであり、哲学をはじめ、物事を考える上での基盤や土台になるものが道徳だと思っています。したがって、道徳とは極めて歴史的なものであり、物事のあらゆる秩序、言わばロゴス的なものではないでしょうか。道理という言葉に言い換えてもいいかもしれません。

——そうすると、こういう感じ？（図）ずいぶん違いますね。

貝塚　そうですね、私の考える道徳の役割は大きいですね。道徳の上にさまざまな学問・科学が乗っている感じです。たとえば、さまざまな社会的な問題を考える時の基準となるものが道徳的諸価値であるというイメージです。

——道徳の上に文学や経済、科学などが乗っている？

文学	科学	経済	政治	哲学
道徳				

道徳のイメージ①

貝塚　そうです。一人で生きていくことのできない人間が、他者とどう関わって生きていくのか。私は、その歴史的に洗練された知恵が徳目であり、道徳的価値だと思っています。人間が、よりよい他者との関わりを求め、幸せになるための社会を築こうとすれば、どうしても道徳を基盤にして物事を考える必要がある。我々が社会生活を営むために必要となる土台が道徳ですね。

——離島、離れ小島に独りで暮らしている場合は？

貝塚　ロビンソンクルーソーですね？　他者との関係性が道徳ですから、厳密にいえば、そこには道徳はないと言えます。ただし、直接的な他者との関係性はなくても、自分との対話が生まれることで実存的な問いは生まれる。自分とは何か。自分はどう生きたらいいのか。それもまた道徳と言えます。なぜなら、他者とのよりよい関係を築くとは、表面的なコミュニケーションが成立するということだけではなく、自分が他者とどう向き合うかという姿勢と構えが求められるからです。他者と関わるためには、自分がどう生きるのかということが問題となる。したがって、道徳を問うことなしには社会は成り立たない、道徳なしには幸福な社会は築けない、というのが私の基本的な理解ですね。

自分の国を良くして行こうとする心がけが「国を愛する心」

——世間には道徳に対して何か違和感を持っている人もいます。「戦前の修身科の復活ではないか」という声も耳に入ります。価値観の押しつけの懸念もあるでしょう。道徳の内容項目にある「国を愛する心」に反応する人もいる。一つひとつ片付けていきましょうか。「修身科の復活」というイメージですが、実際、「修身科の復活」ですか？

貝塚　「修身科の復活」ではないです。

——道徳と修身科は違うと理解していいですか？

貝塚　私は違うと思います。ただ、公教育における道徳教育の方法としては、日本の修身科のあり方は必ずしもすべてが否定されるものではないとは思います。道徳的諸価値を教える、よいことと悪いことをきちんと教えるということは、道徳教育の役割としては必要であり、決して間違いではない。ただし、それだけでは道徳教育として不十分だということです。

　また、「違和感」を持つ人もいるとの話ですが、たしかに道徳教育と政治との関係については常に注意が必要です。だから、道徳教育と政治との距離の取り方には自覚的でなければなりません。そのことをどのように教えるか自体が道徳教育の課題であり、それができないから「違和感」に回収されてしまうのではないでしょうか？

——政治との距離の取り方？

貝塚　政治とどう距離をとるのか、もっと大きくいえば、「公と私」の関係をどう考えるのかが道徳教育の重要な課題だと思います。政治と道徳が無関係であるわけではありません。社会生活の基盤になるのが道徳だとすれば、その上に政治があり、経済があるのは当然です。政治それ自体が人間の営みであり、重要な社会活動なわけです。そうだとすれば、道徳と無関係であるはずがないのです。けれども、政治を通じて表現される時代の意思というのは暴走する可能性が常にあるので、道徳は政治を相対化し、そのあるべき姿を求め続けるものだという点に気を付けなければならない。そういう政治との関係性を教えること、政治とどう関わるのかを教えるのが道徳教育だと思いますね。だからこそ、政治と正しく向かい合うための重要な視座が道徳には含まれているということを前提とする必要がある。

「国を愛する心」も同じです。人間は、家族とか地域社会、国家、さらには世界というさまざまな属性の中で生きているわけです。とすれば、自分が国家とどう関わるかは重要な課題です。私は、「国を愛する心」とは簡単にいえば、自分の国をよくしていこうとする「心がけ」だと思っています。これは道徳教育の重要な課題のはずですが、国家について考えることや「国を愛する心」に触れることが危険だ、という風潮がある。しかし、これは逆です。政治と道徳の親和性が高く、国そのものが権力を持っている以上、国との正しい関係性を考えないことの方が危険なはずです。国との関わり方を考え、学ぶことは道徳教育の重要な役割です。

――自分の国をよくしていこうとすれば、時には厳しく批判もする。それが「国を愛する心」だというわけですね。そもそも、道徳を公教育の中で教える手法の一つが修身科であると。まとめると、戦前の修身科イコール戦後の道徳ではない、ということですね。

貝塚　はい、イコールではありませんね。たしかに、戦前の修身は、社会の道徳、人間の生き方をモデルとして子どもたちに提示しました。しかし、道徳教育としては、そのモデルを、子どもたちが自分の生き方の問題として還元し、社会や他者との関わり方を自分の問題として主体的に再構成することを目指す必要がある。本来はそこまで行くのが道徳教育ですが、修身はそこまで行かなかった。子どもたちに道徳的諸価値を教え、ある意味では、偉人の格言を暗唱できればよし、というのが修身の授業でした。ここに修身科の大きな欠陥があり、子どもたちにとって修身科の授業は面白くない、退屈なものであったわけです。

戦後はその反省を踏まえながら、道徳的諸価値と現実の生活とを関連付けることで、子どもたちが道徳的諸価値を自分の問題として自覚し、内面化することを目指したと言えます。残念ながらその趣旨が十分に理解されていないのが現状ですが、「特別の教科　道徳」に対しても、単純に「修身科の復活」というステレオタイプの批判はあてはまらないと思います。

参考にすべきは「修身教授改革論」

――にもかかわらず、なぜ「修身科の復活」と恐れられるのでしょうね。

貝塚　やはり歴史的な問題が大きいと思います。制度的に言えば、戦前の教科の中で唯一復活しなかったのが修身科です。そのため、修身科は戦前教育の悪い部分をすべて代表するようなものとして評価されてきた。これは、戦後教育の花形教科として注目されたのが社会科とは対照的です。つまりは、戦前から戦後への歴史的な転換の中で、修身科の功罪が学問的に十分に検討されず、ある意味では「全否定」されたことに起因しているのではないでしょうか。

――考えるモデルを提示するだけの時間だった、というお話でした。そもそも修身科のねらいとは何だったのでしょうか？

貝塚　明治国家の大きな課題は、近代国家の形成にありました。近代国家を支える人材の養成が明治政府の喫緊の課題でもあったわけですが、修身科は近代的国民としての価値観の養成ということになるかと思います。こういえば、国家主義一辺倒のように聞こえますが、修身教科書に書いてあるのは、正義、勇気、正直、誠実といった普遍的とも言える道徳的諸価値に関するものがほとんどでした。諸外国と違って、日本では宗教が道徳の代替をする基盤が希薄でしたので、宗教とは距離を置いた価値教育が必要だったわけです。宗教に拠らない道徳教育をしていたフランスをモデルにしたとも言われます。

　戦後、占領軍が修身科の教科書を調査・分析をしていますが、彼らはその内容が、あまりに「当たり前」であることにむしろ驚いています。当初、占領軍には修身科を廃止する意図がなかったのもそのためです。

――「当たり前」とは？　一体何が書いてあったのですか？

貝塚　人間が生きていく上で必要とされる正直であれ

とか、親切にしなさいとか普遍的で誰もが納得するような道徳的価値――通俗道徳といういい方をしますけれども――偉人の道徳的な行為やエピソードが羅列されているだけというのが占領軍の評価でした。それどころか、修身教科書で多く取り上げられた二宮金次郎（尊徳）をリンカーンと並ぶ民主主義者と評価しています。

もっとも、占領軍は、戦時中に使われていた教科書に含まれていた超国家的な内容、軍国主義的な内容は問題視しました。しかし、それを取り除いて改訂すれば、戦後も修身科で授業しても問題はないというのが占領軍の当初のスタンスでした。しかし、その後、占領軍内部の人事異動や政策的な転換の中で修身科は復活しませんが、占領軍の修身科への評価は一貫して否定的なものではありません。たしかに、戦時中の教科書には問題がありましたが、

全ての教材が不適切であったわけではありません。

――修身科は全否定されたと。

貝塚　少なくとも、学問的にも十分に検証されなかった。実際、明治以降の修身科については、夥しい学問的な蓄積もあり、さまざまな授業改革も模索されてきました。修身科の歴史は、改革の歴史だったのです。たとえば、大正新教育運動などの流れをくみながら、生活と現実道徳をどう結び付けるかという議論や実践も蓄積されていたわけです。そうした修身科の歴史を踏まえることなく、結局は「価値の押し付け」「軍国主義の先導役」といった固定的なイメージに回収されてしまった。このことは、戦後の道徳教育にとっても悲劇だったのではないでしょうか。

――責任を一身に担った感じがしますね。

貝塚　一身に担った。学問的な分析や検証が最も必要な分野の一つであったことは間違いない。ただ、一番問題なのは、修身科への固定的なイメージが、道徳教育の本質的な議論の妨げになっていることではないでしょうか。不思議に思うのは、今回の教科化の議論の

中でも「それは修身科の復活だ」という人がいるんですけども、「修身科を知ってるんですか？」といいたくなるわけですよ（笑）。恐らく、七〇歳後半の人たちは、ギリギリ修身の授業を受けた世代ですから、その人たちが修身科について経験的に語るのはわかります。しかし、修身科の授業も受けたことのない、おそらく修身の教科書すら見たこともないような世代の人たちが、平気で「修身の復活だ」と言っている。いまでいう「反知性主義」の典型かもしれませんが、逆にいえば、それだけ修身科はイメージだけで語られてきてしまったと言うことです。こうしたイメージ先行の評価が、道徳教育はどうあるべきか、いう本質的な議論を阻んできたのではないでしょうか。七〇年間ずっと「思考停止」の状態が続いてきたというのが、戦後の道徳教育の実態なのではないかと思います。

偉人の生き方を覚える時間

——改革の連続ですか。それだけ改革の対象にされてきたにもかかわらず、なぜ「形骸化」に終始したのでしょうか。

貝塚　結局はモデルを教えることが基本となり、考えるという授業が浸透しなかったということだと思います。二宮金次郎のような偉人の生き方や名言を知識として覚えればよい。その意味を考える必要はないわけです。ですから子どもたちにとって、修身科は非常に退屈な時間でもあるわけです。教科書に書いてあることをその通りに覚えて試験で書けばいいわけですから。

　それは子どもだけでなく教師も同じです。修身科の授業は一番やりにくい。面白くないのが修身であったという当時の先生方の回想は非常に多い。授業で教えたことを実際の生活で実践できるようにするのは修身改革の主眼だったわけですが、それは簡単なことではなかった、ということです。しかも、たとえば大正新教育運動などで模索された修身教授改革論も戦時期の教育によって後戻りしてしまい、実を結ばなかったわけです。だから、私たちは修身科の実態が正確に把握できていない。そうした改革の試みが戦時下の教育の中でご破算になってしまっていることが問題だと思います。大正期から昭和戦前期にかけてさまざまな修身教授改革論を遺産として戦後に引き継ぐことが全然できないでいる。このことが、修身科を固定的なワンパターンのイメージだけで語られてしまっている根本的な要因だと思います。

――今残っているイメージは、強烈なイデオロギーで、子どもを洗脳して戦地に追いやってきた、というものです。そんなことは全くなかったと。

貝塚　全くなかったとは言えませんが、そのことが実証的に証明されているとも言えません。むしろ、修身科がうまく機能していなかった、退屈な授業だったことを前提にすれば、修身科の授業がどこまで子どもたちに内面化されたという点も疑問なわけです。たしかに、当時は、子どもたちを戦争に駆り立てるためにもっとイデオロギーを注入すべきだという議論も少なくありません。しかし、逆にいえば、こうした点が強調されるということは、修身科の実態がそうではなかった、うまく機能していなかったことの裏返しでもあるわけです。

――もう少し具体的にお願いします。

貝塚　つまり、修身科を充実させる、修身科の活性化が必要だという文書が、とくに政策の側から積極的に出されるということは、逆に修身科の実態はそうではなかった、ということを意味しているわけです。そうした文書を資料的な根拠として、この時期には修身科による価値の注入が行われていたとか、価値の押し付けだったとか言われますが、それは逆に実態はそうではなかったということの証明でもあるわけです。機能していないから行政の側も一生懸命やるわけです（笑）。だから、これは修身科の形骸化と、修身科が機能していたことを証明する資料ではありますが、「価値の押し付け」の資料とは必ずしもなっていません。そもそも、価値を押し付けるなんて簡単なことではありません。教科書で教えた価値がすぐに子どもたちに内面化するとは考えられませんし、そうだとすれば子どもを馬鹿にした話です。道徳教育は、それほど簡単だとは思えません。

「社会科」担当に転身した修身科教員

——さきほど「修身教授改革論を遺産として引き継ぐことが全然できていない」と指摘していましたが、具体的には何をどう引き継ぐべきだったのでしょうか。

貝塚　子どもに考えさせないで、モデルだけ与えたということが修身科の大きな欠陥だったということが重要でしょう。引き継ぐということは、良い点だけではなく、失敗から学ぶということも重要だと思うからです。こういう道徳的価値が大事なんだ、こういうモデルが大事なんだということを教え込むだけで、子どもたちはそれについて考えない。しかし、考えたり、議論するという過程を経なければ、自分の問題として道徳的諸価値を自覚し、内面化できないということではないかと思います。たとえば二宮金次郎がこういうことをやりました、でもそれは二宮金次郎だからできた、という部分もあるわけで、それを自分の問題として結び付けなければ、生き方のモデルにならないわけです。その失敗から得た教訓が、逆説的ですが修身科から引き継ぐ遺産であると思います。

　また、先にもいいました修身教授改革論には、こうした修身科の欠陥を克服しようとした実践も数多くありました。その意味では、そうした実践から学ぶべきことはまだまだあると思います。私には、昭和戦前期の道徳教育の理論的な水準は、実は今よりも高かったと思っています。

——形骸化と言われつつも。

貝塚　言われつつも、理論的には相当高いレベルにあった。そう考えると、戦後の道徳教育は、それを超えられるはずはないとも思うのです。なぜなら、戦後は、戦前の修身科を否定し、修身教授改革論の遺産や学問的な分析に基づく功罪を整理しないままに新しい道徳教育の理論を構築しようとしているわけですから。歴史にはすべてが正しいということがないと同時に、すべてが誤りということもありません。

——しかも専門家もいないし。

貝塚　戦前の修身科についての学問的な分析に基づく功罪といったものをきちんと精査することができない

ままに、それを全否定したままに戦後の道徳教育を立ち上げようとした。戦前のものは全部悪いんだ、という前提に立ってしまえば、議論に深まりがないのは当然です。

――議論に深まりを持たせるためには、功罪を考えなければいけない、ということですね。「功」と「罪」、それぞれどのようにお考えですか。

貝塚　修身科の「功」は、道徳的価値を色々なエピソードや例話を使ってわかりやすく示したこと。道徳的諸価値をきちんと教えるということは、道徳教育の基本です。「罪」は、道徳的価値や偉人の格言を知識として教えるだけで、さらにその意味について考えさせ、子どもたち自身の問題として向き合わせる工夫がなかったことだと思います。考えさせたり議論させたりすることを除いて、モデルだけを提示しているので、子どもたちは道徳的諸価値を自分の問題として自覚することができない。モデルと自分の現実とのギャップを感じるだけで、「それは偉い人だから実現できるんであって、自分とは関係ない話だよね」で終わってしまうことにもなりました。

――罪は他にありませんか。そもそも私が不思議に思っていたのは、修身科の専門の先生っていたそうですね。その方々はその後、どうされたのでしょうか。

貝塚　いました。他の教科と同じです。小学校は学級担任がやりましたけど、中等学校は専門の先生が授業をしていました。かつての師範学校、高等師範学校には、修身科専攻や講座があり、当然ながら免許もありました。修身科の先生というのは、戦後失業して、社会科の先生になった先生もいたわけですよ（笑）。

――へー！　でその免許を持っていた先生たちは、社会科の先生になるのですか？

貝塚　そうです（笑）。

――すごい不思議！

貝塚　すごい不思議（笑）！　だから戦前から戦後への価値観の転倒というのは、いろいろな部分に見られたのだと思います。かつての修身科の先生が、どのような意識で社会科の授業をしていたのか。個人的には大いに関心がありますが、こうした研究を積み上げていくと面白い戦後教育史になるかもしれません。いずれにしても、戦前・戦中の先生が、戦後の新教育をどのように受け止めたのかは重要な研究課題だと思います。そこには、ある意味での保身もあったと思いますが、歴史の転換から生じた大きなブレは日本の教育者にとっても切実な問題ですよね。天野貞祐は、それは結局、教師に自律性がないからだと批判しました。

――子どもの自律性を育てる教師に、そもそも自律性がないと。

貝塚　はい。教師に自律性が育ってなかったことが日本の教育の大きな欠陥だと指摘したわけです。教育には教育権の独立、教師には自律性が何より必要であったにもかかわらず、それが醸成されなかったことが、教育がなす術もなく政治に巻き込まれていく要因だと指摘したわけです。教員の自律性をいかにして確立するかは、教育の根幹であることを、天野は戦前から主張しています（『道理の感覚』一九三七年）。

問われる教師の「専門性」

――なるほど、戦後、修身科を批判する勢力になる、社会の先生は、もと修身科の先生だったんですね。そうすると修身科の戦前から戦後、そして消えていくまでの中から学べることは一杯あるわけですね。これから「特別の教科　道徳」を定着させて中身のあるものにしていくためには、修身科の功罪を学問的にしっかり分析することから学ぶべきものがもっとあるように思えます。

貝塚　プラスの面の学びだけではない、マイナスの面からも学べます。修身科で一番の問題は、優・良・可というように成績を付けたことですね。いまでいう、数値評価をしたことだと思います。

――成績を付けた……。それがマイナスの観点から「学ぶべきこと」ですか。しかも数値評価。

貝塚　数値評価をすることは、先生には凄まじいプレッシャーであったようです。数値評価することによって、成績では子どもたちの内面性であるとか、子供たちの学びによる成長を測ることができない。優・良・可を付けなければいけないので、どうしても知識の面を重視することになるからです。だから試験をしたわけです。試験では知的な側面しか測れない。教科書で書かれている内容をどこまで理解したのかが評価の基準になる。先ほどから何度もいいましたように、修身教授改革論には今日でも学ぶべき先駆的な内容もありましたら、結局はこれらが大きなうねりにならなかったのは、制度的に数値評価が足枷になったと思います。子どもの内面性とか、成長を評価することを度外視しても済むような制度となっていたことから逆説的に学ぶことはあると思いますね。

——通知表を見ると、いまも「関心・意欲・態度」という、子どもの主体的に学習に取り組む態度も評価していますよね。

貝塚　でもそれは道徳ではなく、各教科に関する評価ですね。私は道徳でも評価は必要だと思います。ただし、それを数値評価にすることの弊害は大きい。

——その他はどうでしょう？

貝塚　専門の先生がいたこと、専門免許があったことでしょうか。これは、将来的にも検討する必要があると思います。小学校と中学校では違うと思いますが、とくに中学校では、生命倫理、情報モラルなど専門的な内容も対象とする必要がある。また、人物を扱う場合でも、そのために必要な知識量は膨大になります。こうした問題を授業で取り上げるためにはどうしても専門性が必要になります。さまざまなカリキュラムの根幹に関わる主体的な学びの基盤が道徳なのだとすれば、それだけ教師の高い専門性が求められます。その専門性を教員養成の段階でいかに育成していくのかは、「特別の教科　道徳」の成否に関わる課題ではないかと思います。

——成績を付けたこと、専門の先生がいたこと、その他にありますか。

貝塚　教科書があったことでしょうね。

——教科書があった。それがプラスでなく、マイナス？

貝塚　いや、プラスだと思いますね。修身科では教科書があったことによって、とにかくも質的な水準を担保できたことは確かです。やはり教科書があったということは重要だと思います。

――教科書はこれから作るわけですよね、それが一歩前進？

貝塚　一歩前進だと思いますね。教科書ができたということは。

――修身科での成績評価はマイナスだったとおっしゃいました。「特別の教科　道徳」は、数値評価ではなく、児童生徒の道徳性に係る成長の様子を把握することになっていますね。それについてはどう考えますか。

貝塚　教育において評価はどうしても必要であり、数値評価ではなく、子どもの学びのプロセスを評価するということであれば、これもやっぱり一歩前進だと思いますね。

――だがそれは先生が目利きじゃないとできない専門性というのが必要ですね。

貝塚　そうです。専門性が当然必要になってくるし、教員養成においてその専門性をどう養成するかは、大学教育の立場からも重要な課題だと思います。それについては、合田課長が話されることになると思います（笑）。

ひとこと

「教師に自律性が育ってなかったことが日本の教育の大きな欠陥だ」。貝塚さんが引用した天野貞祐の言葉が強く印象に残る。自律性が問われているのは、教師だけだろうか。教師の専門性、自律性……修身科の功罪に関する探究に学ぶべきものは多い。（奈）

第3章
授業と評価はどうなるの？
——特別教科化で道徳が変わる——

「特別の教科　道徳」で評価をする——。そう聞くと、何やら子どもの人格に点数がつけられてしまうようで、不安になる方も多いでしょう。しかしそうではありません。「特別の教科　道徳」では、数値による成績付けは行わず、児童生徒がいかに成長したかを積極的に受け止め、励ますために記述式で評価を行います。こうした評価は、道徳の授業改善に繋がるばかりでなく、先生に子どもたち一人ひとりとしっかり向き合うことを求めるものです。本章では、指導法と評価を中心にこれからの授業のあり方について答えます。現代的な課題を積極的に取り上げ、「考え、議論する道徳」を実現するためには、先生が「アクティブ・ラーナー」として実践することが求められます。

Q1 いい授業ってどんな授業？
（考え、議論する道徳）

子どもたちはどう感じているの？

学びの原動力は子ども自身の主体的な意欲です。学ぶ意義を見出し、もっと学びたいと思う。そんな意欲を引き出すことが、いい授業への鍵になりそうです。

では、子どもたちはどう受け止めているでしょう。

少し古い調査（二〇〇六年）ですが、子どもに、道徳の授業で「自分のためになると思うこと」を尋ねた結果が図3-1です。子どもたちが「ためになる」と思う上位二つは、「友だちの意見を聞く」と「自分でじっくり考えること」でした（日本教育文化研究所「道徳教育に関するアンケート調査」二〇〇六年）。

しかし、実際には、友達の意見から学び合い、考えを深められる授業はなかなか実現していないようです。中央教育審議会答申「道徳に係る教育課程の改善等について」（二〇一四年一〇月二一日）でも、「望ましいと思われる分かりきったことを言わせたり書かせたりする授業になっている例」が指摘されています。こうした授業からは学ぶ意欲は生まれないでしょう。

考え、議論する道徳授業へ

じっくり考えたり、友だちの意見を聞いたりすることを「ためになる」と評価する子どもたちの声は、教師の授業づくりにとって大きな励みになります。子どもたちの声を授業づくりに生かしましょう。考え、議論する授業は子どもの学ぶ意欲を引き出すのです。

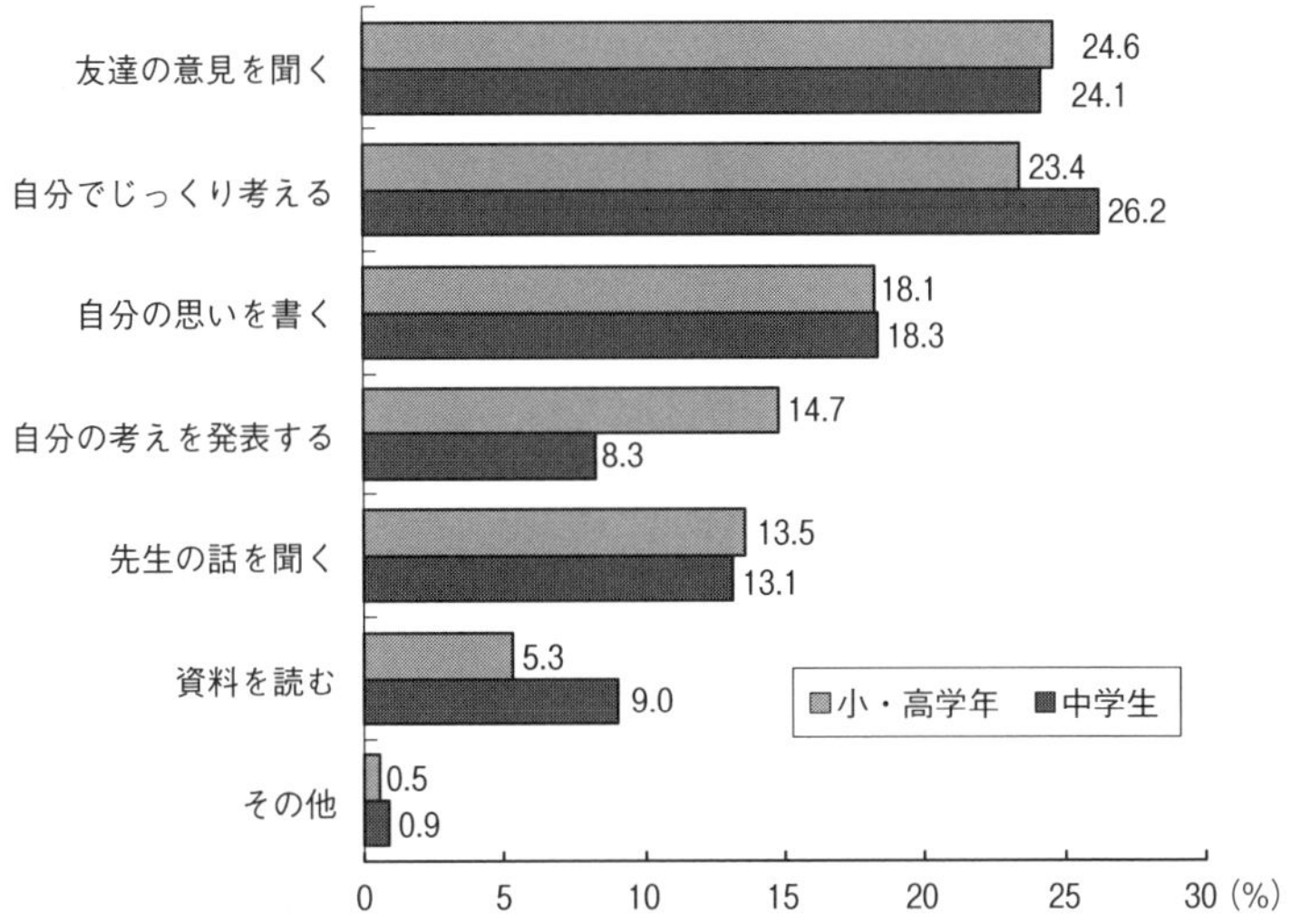

図３－１　自分のためになると思うこと

とはいえ、「友だちの意見を聞く」ためには、誰かが発言しなければなりませんね。上の図からは「自分の考えを発表する」ことへの苦手意識が垣間見えます。「意見が聞けてよかった」を生み出すには、安心して自分の考えを話せる環境づくりが大切になります。

「考え、議論する」授業を「いい授業」としてイメージとしてみると、今の道徳の授業をどう改善していくかという視点がはっきりみえてきます。「考え、議論する」授業への質的転換を実現できるよう、一つひとつの課題を乗り越えていきましょう。

ここがポイント

◉じっくり考える授業や友だちの意見が聞ける授業を子どもたちはためになると感じている。

◉「わかりきったことを言わせる」授業から、子どもが「考え、議論する」授業への転換が必要。

（西野真由美）

Q2　授業でどんな力を育てるの？

（道徳性の諸様相）

道徳科で育てる道徳性って何？

道徳科の目標は、「よりよく生きるための基盤となる道徳性を養う」（学習指導要領）として、学校の教育活動を通して行う道徳教育と目標を共有しています。

道徳科では、この道徳性を具体的に、「道徳的な判断力、心情、実践意欲と態度」と示しています。これらは道徳性の諸様相と呼ばれ、よりよく生きるための基盤となる資質・能力と位置付けられています。

道徳性の諸様相は、行為を主体的に選択し、実践するように働く資質・能力です。それらがどう働くかを具体的な行為を手掛かりに確認してみましょう。

私たちが「電車で席を譲る」とき、その行為へ私たちを駆り立てる動機の一つは、目の前の相手を思いやる【心情】でしょう。そして、状況を見て自分が立つべきだと【判断】する。この選択を実現しようとする【意欲】から【態度】が生まれます。

状況を正しく判断するためには、何が正しいことかにかんする【知識・理解】、判断を導く【思考力】、そして、どう示すかという【技能（スキル）】も必要です。

このように諸様相を挙げていくと、それらがバラバラに働くように見えますが、実際には関連し統合されて行為につながります。その行為を繰り返す中で【習慣】が形成され、その習慣が人格となっていきます。

道徳性をバランスよく育てる

道徳性の様相はどれが一番大切というものではなく、互いに補いあって道徳性の全体を構成しています。しかし、教科化の審議過程では、指導方法に関して、「読み物の登場人物の心情理解のみに偏った」指導になりがちなことや「道徳的価値の理解に偏りがち」で、「具体的にどう行動すれば良いかという側面に関する教育が十分でない」と指摘されました。

道徳性が実生活で生きる実践力として働くためには、道徳的な判断力、心情、実践意欲と態度をバランスよく育てる授業づくりが必要です。そして、何よりも大切なのは、それら諸様相を統合して自らの道徳性を養っていこうとする子ども自身の主体性です。

自分の人生を生きる力を育てる

コンピュータの囲碁ソフトがプロ棋士に連勝するまでに進歩しました。その学習能力によって将来多くの分野で人間に代わって仕事をするようになるとされるAI（人工知能）は、学習の過程で「なぜそうすべきか」を考えません。正しいとされる判断を蓄積できればよく、それが正しい理由を知る必要がないのです。

人の学びは違います。「人生を善く生きるために必要な諸価値はこれです」と教えられ、幼い時にはそれに従っていても、やがて、「なぜそれが大切なの？」と問い、自分で納得できる答えをみつけたいと考えるようになる。それが人間の道徳的な成長です。だからこそ、押しつけや強制は道徳教育の対極なのです。

「自分の人生をどう生きるか」。その問いを考え続ける資質こそ、道徳性を自ら成長させる原動力となります。道徳科は、対話や議論を通して、考え続け、自ら道徳性を養う力を育てることを目指しています。

（西野真由美）

ここがポイント

◉道徳科で養う道徳性は、道徳的な判断力・心情・実践意欲と態度として示されている。
◉考え、議論する道徳の授業が、道徳性を自ら成長させる力を育てる。

Q3 なぜ「多面的・多角的に」考える必要があるの？（道徳科の目標1）

多面的・多角的とは？

道徳科の目標には、「物事を（広い視野から）多面的・多角的に考え」る学習を通して道徳性を育成することが盛り込まれました（括弧内は中学校）。

「多面的・多角的」は一続きで捉えるべきですが、あえて区別してみると、「多面的」は、物事の多様な面を、「多角的」は、それを見る側の多様な視点を強調しています。円錐を真横から見ると三角形に、下から見ると円に見えますね。視点を変えることで別の面が見えてきます。「多面的・多角的に考える」とは、多様な視点で物事のさまざまな面を見ることです。

たとえば、「生命の尊さ」には、多面的な理解が含まれます。生物的な生命、命のつながり、社会や文化の中での生命、そして生命の尊厳と、多様なアプローチができます。生命倫理では、誰の立場で考えるかで見方が異なり、葛藤や対立を生むこともあります。

このように、多面的・多角的に考えることで諸価値の理解が深まります。しかしそれだけではありません。多面的・多角的に考えることは、道徳科の目標である道徳性の育成につながる学習なのです。

自分中心の見方を乗り越える

外出する前に鏡を見て身だしなみをチェックする。普段何気なくやっている行為ですが、実は人間以外の動物には、鏡に映る姿を自分だと理解するのは難しいそうです。人間だけが、自分自身をみつめようとする力を持っているのかもしれません。

でも、その鏡を使っても、自分を一度に三六〇度から眺めることはできません。物事を多面的・多角的に見るのはとても難しいことなのです。

でも、「相手の立場に立ってみなさい」と言われると、視点を変えて他人の思いや痛みに共感することができます。さらに、立場の異なる人の思いを想像したり、公平な視点で考えたりできるようにもなります。自分の利害だけで物事を見る自分中心の見方を越える力が私たちには備わっています。この力こそ授業で育てたい道徳性です。多面的・多角的に考える学習は、多様で豊かな道徳的な見方や考え方を育てる、道徳科にとって本質的な学習活動なのです。

多面的・多角的に考えるには対話が必要

「考える」というと、沈思黙考するイメージがあるかもしれません。でも、たとえば「深く考える」という意味の英語 deliberation には、他者とよく話し合う「熟議」という意味もあります。これは、考えるという行為が実は対話的なものであることを示唆しています。

「自己をみつめる」内省も、「もう一人の自分」との対話です。自分の中に別の見方ができる「もう一人の自分」を育てるには、実際に異なる見方に出会う体験が必要です。実生活でさまざまな人々との対話を繰り返すことで、自分の内面に豊かな視点を持てるようになるのです。

他者と共に考え、議論する授業で、多面的・多角的に考える学習を実現しましょう。

ここがポイント

◉道徳的な見方や考え方は、多面的・多角的に考えることで育つ。

◉多面的・多角的に考えるには、他者と共に対話しながら学ぶことが必要になる。

（西野真由美）

Q4「価値の理解」ってどういうこと？

（道徳科の目標2）

価値って何？

道徳科の目標には、「道徳的諸価値についての理解を基に」とあります。諸価値の理解を基に学習することは、道徳科の大きな特徴の一つです。

「やってみる価値がある」、「もう価値がなくなった」など、「価値」という言葉は日常生活でも使いますね。それらはよい性質や望ましい状態を指します。

ギリシアの哲学者ソクラテスは、「一番大切なことは単に生きることそのことではなく、善く生きることである」（プラトン『クリトン』）と主張しました。「単に生きること」から「善く生きること」を区別させている「善さ」、それが、道徳的諸価値です。

価値には二つの面があります。一つは、歴史や文化の中で「善さ」として認められ受け継がれてきたもの。もう一つは、「私の価値観」とか「価値観の多様化」などと使われるように、一人ひとりが抱く「善さ」についての考えです。このように、価値は個人的でありながら、社会や文化に共通な面もあるのです。

いずれの場合でも、価値は、それを「望ましい」と考える私たち自身から生まれます。人生で何を望ましいと思うかは、私たちの日々の行為を選択する規準となり、その選択の連続が私たちの生き方を形作っていきます。道徳的諸価値は、単にあるものを「善い」と判断するだけではなく、その方向に向かって人を動かす実践的な力を持っていると言えるでしょう。

どうすれば価値を理解できるの？

普段、思いやりについて理解しているつもりでも、日々の生活の中で、「本当の思いやりって何だろう」と自問してしまうことはありませんか。そんなとき、私たちが求めているのは、辞書に何と書いてあるかという定義ではありませんよね。

「嘘をついてはいけない」。そんなことは小さな子どもでも知っています。それでも、私たちは、実生活のさまざまな困難に出会って、「この状況で嘘をついてはいけないのだろうか」と問います。こうした問いは、むしろ価値への理解を深めるものです。

子どもたちも、さまざまな生活体験を通して道徳的諸価値を自分なりに理解しています。その見方や考え方を基に、多様な見方や考え方に出会って、価値への理解を深めていく学習が求められているのです。

なぜ価値の理解が必要なの？

諸価値の理解に関する学習でとくに注意したいのは、諸価値は、「取り扱う内容であって、目標とする姿を示すものではない」（解説）ということです。内容で示された姿を直接目標に設定して行為するよう促すのでは、価値の押し付けになってしまいます。価値は、授業で道徳的な問題や生き方を考えるための「共通の話題」（解説）なのです。

子どもに向かって価値の大切さを力説しても、深い理解にはつながりません。深い理解とは、学習する子どもが自ら探究した結果として手に入れるものです。授業で実現したいのは、子ども自身が道徳的諸価値の視点で生き方を考える学習なのです。

ここがポイント

◉道徳的諸価値は、生きることに関わる「善さ」を捉える視点である。

◉道徳科では、自分の持っている価値についての理解を深めながら道徳的な見方を育てていく。

（西野真由美）

Q5　問題解決的な学習ってどんなもの？（問題解決的な学習1）

問題解決的な学習って何？

問題を解く学習なら、ドリルや問題集だって全部問題解決的な学習では？　そう思われるかもしれませんね。でも違います。問題解決的な学習とは、与えられた問題を解いていくだけの受け身の学習ではない、自ら問いを持って主体的に学ぶ学習です。

学習は学校で教わるものというイメージがありますが、学び自体はもっと自然なものです。赤ちゃんは身近な人のまねをしながら学び、やがて、回りの世界への興味や関心から自分で試したり調べたり、失敗しながら工夫して学んでいきます。そんな自然な学びのプロセスを実現しようとするのが問題解決的な学習です。

このような学びは、学習意欲を引き出すだけでなく、知識や技能を身に付ける上でも効果的と考えられ、各教科等で重視されるようになっています。しかし、道徳の授業では問題解決的な学習の導入はあまり進みませんでした。

問題解決的な学習は道徳に合わない？

では、なぜこれまでの道徳の授業は、問題解決的な学習に消極的だったのでしょう。

問題解決的な学習は、子ども自身が見出した問いを大切にし、それを他者と共有して考え、解決を見出しつつ、その中から新たな課題を見出す探究活動です。

道徳では、子ども主体で進めると教師のねらいが達成できない、問題の解決方法の話し合いに終始して価値を深く考えられない、そんな懸念が強かったようです。しかし、問題解決的な学習が教科学習で重視されているのは、探究がその教科の見方や考え方を育てる深い学びにつながっているからです。理科では、日常生活で出会う事象を科学的な視点で捉えることから問題解決的な学習が始まります。同様に、実生活の問題を道徳的な視点で捉え、諸価値を手掛かりに考え、解決を見出そうとする探究活動が道徳における問題解決的な学習なのです。

　子どもの生活の目線で価値の問題を考え、解決に向かって主体的に取り組む学習は、教師目線になりがちだった授業の質的転換につながると言えるでしょう。

道徳にふさわしい問題解決的な学習って？

　問題解決的な学習で最も大切なのは、子どもたちにとって考えがいのある、意味のある問いです。でも、子どもが最初から道徳的な問いを見出せるわけではありません。子どもたちの素朴な疑問や気づきを大切に、それを道徳的な問題として再構成し、「考えてみたい」と思わせる工夫が必要です。教師は子どもの声を受け止めながら、「何が問題なのか」、「どうすべきか」、「なぜそうすべきなのか」と本質的な問いを喚起していきます。そして、これらの問いを共に考え、解決するよさを実感できるようペアやグループなど関わりの豊かな探究プロセスを充実したいですね。

　ねらいとする価値を子どもたちにどう伝えるかという従来の発想を越えて、子どもたち自身が大切な価値を自分で見出していく、考え、議論する道徳の授業への転換を進めましょう。

ここがポイント

◉問題解決的な学習とは、子どもが問いを主体的に探究するプロセスを実現する学習である。

◉道徳では、道徳的に意味のある問いを他者と共に考え、議論する学びの実現が求められている。

（西野真由美）

Q6 道徳の問題が一時間で解決するの？（問題解決的な学習２）

解決しないとダメなの？

問題解決的な学習では、子どもたちが考えたくなる問いを共に考え、解決を求めて議論します。では、議論すれば、問題が解決するでしょうか。

実生活の道徳的な問題では、議論しても最後まで意見が割れたまま結論が出ないこともあります。また、現代的な課題、たとえば環境問題のような社会全体が抱える難問は授業で解決できる問題ではありません。

解決以前に、まず問題をみつけるのが難しいこともあります。たとえば、物事がうまくいかないとか、気分がもやもやする。でも、何が問題なのかわからない。そんな経験はありませんか。問題を特定できれば解決策を考えられますが、悩みの奥に潜んでいる本当の問題に本人も気づかないことだってあります。

場合によっては、「問題を見つけて解決しなさい」という課題自体がプレッシャーになることさえあります。問題解決的な学習は、問題の発見→探究→まとめ、などと定式化されることもありますが、「そんなにすっきり割り切れないよ」と感じる人もいるでしょう。

解決を目指して共に考え、議論する活動は大切ですが、必ず解決しなければならないと固定的に考えると、自由な話し合いがしにくくなります。問題解決的な学習では、「問題」を道徳的に捉えるだけでなく、「解決」についても、道徳らしく考えてみましょう。

問題を解決するってどういうこと？

私たちの人生には、「時間だけが解決してくれる」という困難な状況があります。解決できない悩みを抱えて生きるのも人生。問題が解消するという「解決」だけが唯一の正解ではありません。道徳的な問題では、解決にも多様なかたちがあるのです。問題を解決できないから、問題解決能力が低いとみなされるようなことは、道徳では絶対に避けなければなりません。

道徳の話し合いは、同年代の子ども同士のピア・カウンセリングの要素もあります。問題を共有しあうだけで、心が軽くなったり、勇気づけられたり、解決への糸口がみえることもあるのです。

他方、社会が抱える困難な問題は、解決の難しさに出会うことに意味があります。結論に安易に飛びつくのではなく、対立する多様な見方の中で考えを深めていくことが目的です。すぐに解決できないけれど考え続けよう。そう受け止めてほしいのです。

このように、道徳における問題解決的な学習の目的は、解決することより探究プロセスの充実にあります。実は他教科でもそうなのですが、道徳ではとくに、「問題探究的な学習」と呼んだ方がしっくりきますね。

道徳では、時に対立することもある多様な価値観の中で、「いかに生きるべきかを自ら考え続ける姿勢」こそ、育てたい資質であるとされています。道徳的な問題を共に考え、議論するのは難しいけれど楽しい。そんな授業を子どもたちと一緒に創りながら、大事な問題に向き合って考え続けられる力を育てましょう。

（西野真由美）

ここがポイント

◉道徳における問題解決的な学習では、問題を必ずすっきり解決しなければならないわけではない。

◉共に問題を考え、議論する探究のプロセスを充実させることが大切である。

Q7「多様な感じ方や考え方に接する」ってどうすればいいの？（道徳科における言語活動）

言語活動を支える多様性

道徳科では、多面的・多角的に考える学習活動を実現するために、「多様な感じ方や考え方に接する中で」考えを深め、判断し、表現する力などを育むことができるよう、話し合ったり書いたりする言語活動の充実が求められています。

自分が「当然」と思っていることと違う見方や考え方に出会うと、「えっ？　どうして？」と尋ねたくなります。多様性への驚きや疑問が豊かな言語活動の扉を開くのです。

とはいえ、子どもたちの考え方はそんなに多様でしょうか。一見同質な集団にも見える教室で、多様な感じ方や考えに接することができるでしょうか。

多様な感じ方や考えを阻むもの

確かに同年代の子どもたちには共通の感じ方や考え方が見られますが、他方で、異なる生活経験の中で育まれた一人ひとりの多様性も見え隠れしています。

でも単に授業で、「他の意見はありませんか」と尋ねていても多様性は引き出せません。固い土に種を蒔いても芽が出ないように、話し合いには互いを認め合える学級づくりという耕しが必要です。

学年が上がると発言しなくなる。活発に発言するのは決まった子どもだけ。なぜそうなってしまうのでしょう。

仲間意識の強い子どもたちにとって、友だちと違う意見を出すのは勇気がいります。みんな同じでなければならないという同調圧力が働くこともあります。

また、問題の〝正解〟を答えるのに慣れている子どもたちにとって、「間違った意見は言いたくない」という思いは教師の想像以上に強いものです。逆に、客観的な正解なら言えるけれど、決まった答えがない問いで内面や価値観が出てしまうのは嫌だと感じる子どももいるでしょう。自由に安心して違う意見を話し合える授業をどうしたら実現できるでしょうか。

違いを楽しむ授業づくり

多様な感じ方や考え方を引き出すには、「違いを楽しみながら、違いから学ぶ」という姿勢を教師自身が打ち出すことが大切です。異なる見方や考え方の表明を歓迎し、意見の違いに子どもたちの目を向けさせ、違いを題材にして学び会える機会を作るようにします。

その際、さまざまな感じ方を板書で並べるだけでは違いが意識されません。板書の工夫や付箋、カードなどを使って違いを可視化し、考えを比べたり、関連づけたり、分類したりする言語活動によって、違いの中から共通性が見えたり、新たな見方が生まれます。そうやって違いから学ぶ学習を繰り返すことで、子どもたちは多様な意見のよさを実感できるようになります。

また、子どもたちは、はじめから違う考えを持っているとは限りません。対話を重ねる中で思考が深まり、違う見方が生まれることもあります。多様な見方を育てる視点で、みんなと違う見方ができることをよさを捉えて励まし、小さな声に耳を傾ける授業づくりをしてみましょう。

（西野真由美）

ここがポイント

◉多様な見方を引き出すには、まず、安心して話し合える学級づくりが求められる。

◉違う意見から学び合う学習を重ねることで、多様な意見のよさを実感できるようにしたい。

Q8「指導方法の工夫」ってどうすればいいの？
（児童生徒の実態や指導する内容等に応じた指導方法）

道徳科の指導に当たっては、特定の指導方法の「型」のみに終始するのではなく、児童生徒の実態や指導する内容等に応じて、さまざまな指導方法が構想され、創意工夫ある道徳の授業が展開されることが大切です。

なんとなく守られてきた「型」

これまで道徳の時間の指導に当たっては、たとえば、「展開後段では、資料中で扱った事柄ではなく、より幅広い視点から自分自身を振り返ることが大切である」であるとか、「読み物資料の分断は望ましくない」、「展開後段や終末で、単に一律に決意表明的なことを発表させるのは望ましくない」など、指導方法に関するある種の「型」が浸透してきたと言われています。

このことは、ベテランの教師であっても新任の教師であっても、これを守っていれば一定水準の授業ができることなど大変意義のあるものと考えられます。しかし一方で、本来なぜそのような指導上の「型」が言われるようになってきたのかという根拠についてはほとんど伝わらず、どのような場合であっても道徳の授業では守るべきこととして伝播してきている面もあるようです。

多様な指導方法の展開が必要

しかし、現行の学習指導要領においても特定の指導方法に依るべきといったような記述はなく、必ずその「型」に基づいた指導を行わなければならないわけではありません。

学習指導要領解説においては指導の基本方針として「内面的な自覚を促す指導方法を工夫する」、「発達や個に応じた指導方法を工夫する」、「問題解決的な学習、体験的な活動など多様な指導方法を工夫する」ことなどを示しています。まずは指導する教師自身がこの指導方針を明確にして指導方法の工夫を行うことが求められているのです。

職場体験やボランティアの活用も

道徳科の指導に当たっては、たとえば、伝記、実話、論説文、物語、詩、劇など多様な形式の教材を用いることが可能です。これら多様な教材をさまざまに活用すれば、同じ教材であっても内容項目との関わりから、教材に対する感動を大事にする展開、道徳的価値を実現する上での迷いや葛藤を大切にした展開、批判的な見方を含めた展開など、授業の展開はいくつも考えられます。また、指導に当たって日常経験や、職場体験活動、ボランティア活動、自然体験活動などの体験活動を活かしたりすることも考えられます。

さらに、教材の提示の工夫に加え、発問の工夫、話合いの工夫、板書の工夫や説話の工夫などによっても授業の展開は変わってくると思います。資料の提示や教師の発問をどの場面で行うかということも授業の展開に大きく関わってくるでしょう。

このように指導のねらいに応じてこれらをさまざまに組み合わせることによって、指導方法は幾通りも考えられ、指導する教員は、これらを組合せながら、発達の段階や児童生徒の実態等に応じて、創意工夫ある道徳科の授業を展開することができるのです。

（栗林芳樹）

ここがポイント

◉道徳科の授業を展開するに当たっては、実態に応じて多様な指導方法を用いて指導することが重要。

◉具体的には、教材の工夫、教材の扱い方の工夫、発問の工夫、板書の工夫など工夫の仕方はさまざま。

Q9「体験的な学習を取り入れる」って、授業で何を体験させるの？（体験的な学習）

なぜ体験的な学習が必要なの？

学習指導要領には、「道徳的な行為に関する体験的な学習等を適切に取り入れること」とあります。

ここでの体験的な学習とは、教材を読んだり話し合ったりするのとは違う、直接身体を使った活動です。教室という限られた空間だからこそ、さまざまな身体表現を活用することは子どもの学習意欲にもプラスに働きます。しかし、体験させれば十分と考えるのも禁物です。

身体的な活動は楽しいので、ついその目的を忘れがちです。その活動から何を学んだかを子どもたちが意識できるようにする必要があります。

どんな体験的活動があるの？

道徳科の体験活動は、時間内で考え議論する学習につなげるという制約があります。この点で活用しやすいのは、ロールプレイやスキルトレーニングです。

ロールプレイ（役割演技）は、「教材に登場する人物等の言動を即興的に演技して考える役割演技など疑似体験的な表現活動」（解説）です。イギリスには、こうした表現を本格的に活用したドラマ教育もあります。役になりきって状況を疑似体験することは、相手との関係やその人の思いを探究する学習であり、共感を深めながら価値について考えることができます。

次に、スキルトレーニングは、道徳的な行為を実践するためのスキルに焦点を当てた学習です。道徳科の学習には、「礼儀」や「親切」など、どう行為するかを実際に表現してみることが大切な内容があります。心情や意欲はあっても、スキルが伴わないと思いが伝わらなかったり、よかれと思っても誤解されてしまったりして、大切にしたい価値が実現しないからです。実践してみることで、実践する難しさに気付いたり、相手の思いに気付いたりすることもあるでしょう。

学校の特色ある体験活動を生かす

体験的学習を取り入れる学習でもう一つ大切なのは、学校の多様な体験活動を授業に生かすことです。

学校には、運動会や修学旅行、地域での活動や職場体験などさまざまな体験活動があります。それ自体、貴重な道徳的体験ですが、「やりっぱなし」では学習が深まりません。子どもたちは体験したことについて「話したい」、「聞きたい」という思いを持っています。体験を振り返る話し合いは、身近な問題を道徳的に考える貴重な機会なのです。共通の体験から、「価値」に関わる思考を深めていくことも、振り返りがあって初めて可能になります。

体験したことについて、話しあったり、学んだことを共有しあったりする学習活動は、「体験」を「言葉」にすることで、振り返って考える力を高めます。体験から自分にとって大切な価値を導き出す学習は、日常的な体験を価値の視点で考えることのできる道徳的な思考力を育てることにつながるでしょう。

ここがポイント

◉道徳科では、目的に合わせてロールプレイやスキルトレーニングなどの表現活動を活用したい。

◉学校のさまざまな体験活動を積極的に取り上げ、体験を振り返って考える力を育てたい。

（西野真由美）

Q10 ねらいとする価値は一つに決めなければならないの？
（複数の価値の学習）

諸価値は相互に関連しあっている

結論からいうと、ねらいに含まれる価値は、複数でもいいのです。学習指導要領では、「内容項目間の関連を密にした指導」も工夫の一つに挙げられています。

ただ、確かに、これまでの多くの教材は、一つの内容項目の学習を想定したものでした。そこで、授業のねらいも、「生命の尊さを感じ取り、生命あるものを大切にしようとする態度を育てる」のように、主題とする一つの価値で構成した表現が多くみられました。

こうした授業は一つの価値についてじっくり学習できるという利点があります。しかしその反面、「先生は生命は大切だと言ってほしいんだろうな」などと子どもが思ってしまうと、わかりきったことを言わせるだけの授業になってしまいます。

では、「内容項目間の関連を密にした授業」は、なぜあまり教材化されてこなかったのでしょうか。

複数の内容項目を扱う際、最も懸念されてきたのは、指導の焦点が不明確になることです。そのため、複数の価値を学習する場合は、学習テーマをいっそう強く意識した授業づくりが求められてきたのです。

ただ、そもそも、道徳の内容項目は、人間性の全体をさまざまな価値の面から捉えたもので、相互に関連しています。各項目を他から独立しているかのように扱うことで人間性の全体が見えなくなるとしたら問題です。一つの価値に焦点化した学習においても、他の諸価値との関連を意識することは大切なことなのです。

道徳的なジレンマとは？

内容項目を関連付けた指導というと、たとえば、礼儀と思いやりのように親和性の高い価値の学習が思い浮かぶでしょう。しかし、それだけではなく、道徳的な問題には、相反する価値のどちらを選ぶべきかという状況もあります。いわゆる道徳的ジレンマです。

ジレンマとは、どうすべきかに関して複数の選択肢があり、いずれを選んでも何か問題がある状況です。

ジレンマを扱う学習は、一見、一つの価値を選んで別の価値を捨てるように見えるため、扱いが難しいと思われることもあるようです。しかし、ジレンマ学習で大切なのは、結果として何を選んだかではなく、難しい選択の過程で物事を多面的・多角的に考え、価値についての理解を深めることです。

さらに、対立する価値を共に実現する道はないかと考えることは、価値を創造する思考を育てます。

現代的な課題を多様な視点で考えよう

現代的な課題には、複数の価値が含まれています。生命倫理や環境問題も、「生命」や「自然愛護」の視点から学習するだけでは一面的になってしまいます。これらの課題では、複数の価値の視点から多面的・多角的に考える学習が有効なのです。

また、先人の生き方から学ぶ学習では、その人の人生から子どもたちが大切な価値を見出していくことにも意義があります。こうした諸価値について総合的に学ぶ時間も年間指導計画の中に位置付けましょう。

ここがポイント

◉内容項目の関連を密にした指導で、複数の内容項目を含むねらいを設定することができる。

◉複数の価値が対立する道徳的問題や多様な価値について考えられる現代的な課題を活用したい。

（西野真由美）

Q11 答えが一つではないってどういうこと？（選択して決定する力）

正解が決まっているのは学校だけ

学校の授業で扱う問題にはほとんどの場合、正解があります。ですから、授業で質問する教師は、「正解」を知っていて子どもたちに尋ねています。

でも、これって変ですよね。日常生活では、答えを知っていて質問するのはクイズを出す時ぐらい。クイズを出す人って、えらそうに見えませんか。答えを知っている教師も子どもたちにはそう見えるでしょう。

現代社会には、答えが見えない問題が山積しています。でも、そんな大げさでなくても、私たちが実生活で出会う道徳的問題も、答えが一つに決まっている方がまれです。悩んでも答えが見えなかったり葛藤したり。そんな時、一刀両断に答えを出してくれる人が頼れるとは限りません。悩みに耳を傾けてくれる人と一緒にあれこれ考えて、正解かはわからないけれど、自分が納得できる答えをみつけていく。それが私たちが道徳的問題を考えるプロセスでしょう。

正解が一つに決まっているような問いからは、このプロセスが生まれません。「先生は何と答えてほしいのかな」と〝正解探し〟をさせるような授業では、現実の道徳的問題を考える力は育たないのです。

でも、教師も答えがわからないような問題を子どもに投げかけていいのでしょうか。大丈夫。教師が共に考える姿勢を持てば、子どもたちは正解が見えなくても混乱しません。むしろ、共に探究し、答えのみえない問いを考え続けようとする教師のその姿勢を子どもたちは学ぶのです。子どもと共に悩み考え、教師自身も子どもの豊かな思いから学ぶことができる。それが道徳授業の魅力ですね。

答えが見えない時代を生きる

いや、今までだって、答えがない授業をやってきた。そんな思いの先生もいらっしゃるでしょう。道徳では、一人ひとりの多様な感じ方を大切にしている、と。

多様な感じ方を受け止めることは大切ですが、単に〝多様〟というだけでは、互いに接点がなく、「ふーん。感じ方は人それぞれだな」で終わってしまいます。レストランで皆が違うメニューを注文しても、「えっ！なぜ？」と驚きや疑問は生まれませんよね。答えが一つでないと言っても、単に「みんな好きにすれば」では、考えが深まりません。

答えが一つでないことがさらなる問いにつながるのは、それが生き方の選択に関わるからです。現代では、病院で治療を受ける時にも、「どうしますか」と医師から尋ねられます。選択肢が多様になることは、「本当にそれでよいのか」という不安にもつながります。自分が納得する答えを選択して決定する力を育てるには、多様な見方や考え方を知り、さまざまな可能性を探究するプロセスを充実させる必要があるのです。

子どもたちは自分自身の人生でも、またよりよい社会づくりに参画する時にも、必ず答えが一つでない問いに出会うでしょう。その問いに向き合う力を育てるために、多様な意見に耳を傾けながら、よりよい答えを求める探究的な学びが求められているのです。

（西野真由美）

ここがポイント

◉私たちが実生活や社会で出会う道徳的な問題の多くは、答えが一つに決まっていない。

◉授業では、多様な考えに出会いながら話し合う中で、行為を選択して決定する力を育てる。

Q12「現代的な課題」って具体的に何なの？（現代社会を生きる上で直面する課題）

科学技術の発展を道徳科で学ぶ時代

「現代的な課題」とは、私たちが現代社会を生きる上で直面している課題のことです。こうした現代的な課題の多くは、道徳科の内容で扱う道徳的諸価値と直接関わっています。具体的には、小学校学習指導要領では「社会の持続可能な発展」を、中学校では、それに加え「科学技術の発展と生命倫理との関係」を例示として取り上げています。

また、小学校、中学校学習指導要領解説には「食育、健康教育、消費者教育、防災教育、福祉に関する教育、法教育、社会参画に関する教育、伝統文化教育、国際理解教育、キャリア教育」なども例示されており、このような学校の特色を生かして取り組んでいる現代的な教育課題なども、さまざまな道徳的価値の視点で捉えることによって学習を深めていくことができると考えます。

答えが一つではない課題を議論する

先に述べたように、道徳科で扱う道徳的諸価値は、現代のさまざまな問題と直接関わっています。したがって道徳科で実社会・実生活における「現代的な課題」を扱うことにより、自分との関わりで実感を伴って考えることができます。

また「現代的な課題」には、答えが一つではない課題や、多様な見方や考え方ができる課題がたくさんあります。したがって、その課題の解決や課題に対する自己の関わり方を考えるに当たっては、必然的に、さまざまな人々と協働し共に考え、そして時には考えの異なる他者と議論しながら、よりよい解決策を模索し導き出していくという授業展開になっていくものと考えられます。

　これからの次代を担う子どもたちは、これまで以上に異なる言語や文化、価値観をもつ他者と議論を重ねよりよい社会を築いていくことが求められています。このような中、道徳科において「現代的な課題」について考え、議論することを通して育まれる力は、まさにこれからの時代を生きる上で大切な力なのです。

多面的・多角的に考え続ける姿勢が大事

　正解のない、また答えが一つではない「現代的な課題」を扱った学習では、前述のとおり多様な見方や考え方ができる課題がたくさんあります。そのため、「現代的な課題」を扱った学習は、他者と協働して考え抜いて「納得解」を導いた先に新たな課題が浮上するといった探究的な側面を有しています。さらに人生において、たとえ直面した課題が同じであったとしても、発達の段階に応じた思考の深まりや、関わる他者の範囲の広がり、集める情報の多様性などにより、導き出される解が変わってくることもあるでしょう。したがって、解を導き出して終わりではなく、多面的・多角的に考え続ける姿勢をもつことが重要なのです。

「現代的な課題」を扱った学習は、道徳科が大切にしている道徳的な問題を考え続けようとする姿勢を育むための核となる学習であると考えられます。

（栗林芳樹）

ここがポイント

◉「現代的な課題」には持続可能な発展や生命倫理など、道徳的諸価値と直接関わる課題が多数。

◉「現代的な課題」を他者と協働しながら、自分との関係で考え続ける姿勢をもつことは、これからの時代を生きる上で非常に重要。

Q13 情報モラルの指導もするの？（情報モラル教育）

情報モラルとは？

私たちは、日々、さまざまな情報メディアに囲まれて生活しています。新聞やテレビ、携帯電話（スマートフォン）のない生活は考えられないと感じる人も多いでしょう。私たちは、さまざまな情報が飛び交う社会、情報社会に生きているのです。

情報モラルとは、このような情報社会で生きていくためにどう考え、どう振る舞えばいいか、すなわち、「情報社会で適正な活動を行うための基になる考え方と態度」のことです。モラル（道徳）の指導なのですから、道徳科での指導が期待されて当然なのです。しかしこれまでの道徳では情報モラルは積極的に取り上げられてきませんでした。なぜでしょうか。

危機回避の指導だけでしょうか

子どもに携帯電話を持たせるべきか、持たせた場合、どう使わせるか。子どものいる家庭では、悩ましい問題です。携帯電話を学校に持参しないことと定めている小・中学校も多く、以前は指導しにくい状況がありました。現在では、何の学習もしないまま子どもをネット社会に放り出す方が危険、と考えられるようになっています。

こうした背景から、情報モラル教育では、情報社会のルールやマナーを理解させ、子どもを被害者にも加害者にもさせないことが優先されてきました。そのため、個人情報や著作権の保護などのメディアやツールの使い方やトラブル回避の方法など、正しい知識や行為を教える指導が中心でした。

このような正しい行為の指導だけでは価値の視点で学習を深めにくいため、道徳の授業で情報モラルは扱いにくかったのです。道徳科らしい情報モラル教育には、情報社会のあり方や生き方を考え、議論する学習が求められています。

新しい情報社会を創造するために

新聞やテレビなど私たちが長く接してきた情報メディアと今日の情報社会には大きな違いがあります。それは、誰もが発信者になりうる、ということです。かつて情報の一方的な受け手だった私たちは、今、ＳＮＳなどの身近なメディアを通して情報を流したり新たに発信したりする行為を日常的に繰り返しています。深夜に一人、画面につぶやいている時には意識しにくいですが、そのつぶやきは外の世界に向かって発信され、時に思わぬ反響を生みだします。

子どもたちに考え、議論させたいのは、こうした新しいコミュニケーションのあり方です。情報社会は、私たちのコミュニケーション次第で、誰もが参加できる公正で豊かな社会にもなりうる反面、互いの憎しみを増幅させる場にもなります。それは子どもたちにとって「ネットいじめ」という身近な現実です。

道徳科には、「自由と責任」、「相互理解」、「公正公平」など、情報社会を多面的・多角的に考えるためのさまざまな切り口があります。発信者や受信者としての行動を主体的に判断し、よりよい情報社会を創造していく力を育てる学習を充実していきましょう。

ここがポイント

◉道徳科では、積極的に情報モラル教育に取り組むことが期待される。
◉情報社会におけるコミュニケーションのあり方を多面的・多角的に考える学習を充実したい。

（西野真由美）

Q14 身近な問題を取り上げると学級活動になってしまうのでは？（特別活動と道徳）

学級活動と同じでいいの？

「考え、議論する道徳」では、子どもたちが生活の中で出会う身近な問題を積極的に取り上げたいですね。でも、生活上の問題を話し合って解決するなら学級活動があります。道徳科でも問題解決的な学習をするとなると、学級活動と同じ学習になってしまいそうです。

同じじゃダメなの？　逆にそんな疑問もあるかもしれません。なぜ区別しなければならないのでしょう。

道徳科だけでなく学級活動も道徳教育を担う大切な場です。学校のさまざまな活動は、オーケストラのように互いに響き合って学校の道徳教育を創ります。よい響き合いを紡ぎ出すには、違いを生かし、それぞれの特質を発揮して協働することが大切なのです。

どこが違うの？

学級活動は、教育課程上は特別活動の内容の一つです。特別活動の目標は、望ましい集団活動を通して、よりよい人間関係を築く力や自己を生かす能力を育成すること。中でも学級活動は、よりよい生活づくりに向けて自主的・実践的に問題を解決する力を育むことを目標にしています。

「実践的」とあるように、実際に問題を解決するプロセスから学習するのが学級活動の特色です。問題をみつけ、意見を出し合い、比べ合い、時には折り合いをつけながら意思決定し、そして、合意したことを実行して、成果を振り返る。これは私たちが実社会で実践していることですね。学級活動は民主主義社会に求められる道徳性を実践的に学ぶ場なのです。

では、道徳科の話し合いはどうでしょうか。

問題を見いだし、どう解決すべきかを考えるプロセスは似ていますが、道徳科では集団の合意形成がゴールではありません。むしろ、さまざまな不一致や異なる意見に出会えるプロセスが道徳科の醍醐味です。

実生活では、意見がまとまりそうになった時に反論や違う見方を出すと嫌がられそうです。でも、それを歓迎するのが道徳。他の子どもたちが全員賛成していても、「本当にそれでよいのか」とこだわって探究を深めるのです。

道徳科だからできることって?

私たちが実生活で出会う道徳的問題には、みんなの意見を集約して折り合いを付けながら決定していくべき問題と、多様な考えに耳を傾けながら最後は自分で決断を下さなければならない問題があります。

考え、議論しながら、最後は自分自身に向き合う。それが道徳科で育てたい「自律」です。自分の考えをしっかり持って決断できる自律を育てることは、学級活動が目標とする自分たちで決める力―自治的能力―の基盤にもなります。道徳科では、一致や合意を焦らず、じっくりと立ち止まって考え、とことん議論する学習を実現しましょう。

(西野真由美)

ここがポイント

◉身近な生活の問題を解決する力は、道徳科にも学級活動にも共通に求められる道徳性である。

◉道徳科では、合意形成がゴールではなく、互いに学び合って自分の考えを深めることを目指す。

Q15 小学校低学年の子どもに議論ができるの？（発達の段階）

議論は早すぎる？

道徳教育では、「児童（生徒）の発達の段階を考慮して」（学習指導要領総則）指導するとされています。「考え、議論する」道徳と言っても、小学校低学年の子どもに議論は無理、と思われるでしょうか。

いや、「議論できるか」ではない。そもそも議論は低学年ではふさわしい指導方法とはいえない、という見方もあります。その理由は主に次の二つです。

一つは、この時期には、守るべきルールや諸価値の大切さをきちんと教えるべきだという意見です。ルールを身に付けさせたい時期に対立する見方を示すと、子どもの中に規範意識が育たないのではという懸念です。

また、低学年の時期は、情緒を豊かに育むことが大切であり、物語の登場人物に共感させ道徳的な心情を養うべきだという指摘もあります。

いずれの意見も説得力がありそうですね。

議論できるの？

『ちいさな哲学者たち』（二〇一〇年）というフランス映画があります。幼稚園児への哲学教育の試みを収めたドキュメンタリーです。哲学と言っても難しい理論を学ぶのではなく、「自由って何？」「命とは？」など、テーマをめぐって幼児が教師と語り合います。

この語り合いを議論とは呼べないでしょう。「大人は好きなところへ行けるから自由」、「先生は質問するから自由」など、子どもの答えはシンプルです。でも、思いを表現できないもどかしさを感じながらも、比較したり理由を説明したりしながら、価値の視点で自分の体験を振り返り、友達の話から考えを広げていく様子は、探究的な議論への萌芽を十分に感じさせます。

大人の常識に囚われない分、小さな子どもには問いを生み出す豊かな力があります。素朴な「なぜ？」を一緒に考えてみよう」から探究的な議論を始めることができるのです。

議論させていいの？

子どもが小さいうちにしっかり身に付けさせたい規範意識。実は、議論の実践にも、規範意識を育てる力があります。順番に話す、攻撃的に話さない、誠実に話すなど、議論には守るべきルールがあるからです。

共感的な学習か議論か、と優先順位を争う必要もありません。感性が豊かに育つ時期だからこそ、言葉のキャッチボールの楽しさを体験させ、共感的に議論する力を低学年から育てたいのです。

道徳性の発達についてはさまざまな理論がありますが、その多くに共通しているのは、子どもの成長は、回りの世界の人や物と豊かに関わって驚きや疑問に出会い、それを解決しようする中で促される、という指摘です。今まで気づかなかった見方に出会う驚きは、多様な見方や感じ方を大切にする環境の中で共に探究されるなら、もっと一緒に話し合いたいという意欲につながります。考え、議論する授業で一緒に問いを探究する体験を小学校低学年から豊かにしていきましょう。

（西野真由美）

ここがポイント

◉発達の段階にふさわしい指導方法が求められるが、この段階はこれ、と固定すべきではない。
◉小学校低学年では、人や物との豊かな関わりの中で、議論して探究する楽しさを体験させたい。

Q16 議論すると学級の雰囲気が悪くなるのでは？（議論する道徳）

道徳に議論は向かない？

議論には互いに激しく意見をぶつけ合うイメージがあります。「私は反対です」なんて面と向かって言われたら、いやな気分になりそう。自分の人格まで否定されたような気持ちがするかもしれません。

議論ではなく「対話」でしょう、という声も聞こえます。そう。教師と子どもたちとの対話は道徳の大きな魅力ですよね。ギリシアの哲学者ソクラテスも、道徳的問いを友人と対話しながら探究しました。

でも一つだけ気になるのは、そこに隠れている「上から目線」です。ソクラテスの対話では、彼自身は対等に話しているつもりなのに、友人の方は、うまく乗せられていると感じている様子も描かれているんですよ。

議論は子ども同士の活動です。そこには対等な対話という意味も込められています。ただし、子どもにも権力的な関係はあります。子ども同士は当然対等、ではなく、議論を繰り返して対等に話し合える関係を育てていきます。

何のために議論するの？

近年、学校では、ディベートが積極的に活用されるようになりました。ディベートは裁判のイメージ。対立する二つの立場で議論して優劣を決定します。

それに似ているのが、モラル・ディスカッションです。ジレンマ状況をめぐって「ＡかＢか」を議論しますが、大きな違いがあります。モラル・ディスカッションは、最終的な優劣を決定しません。もっと重要なのは、最後までＡならＡと考えを変えないのではなく、議論を通して変わることを重視します。自分と異なる考えから学ぶことが期待されているからです。モラル・ディスカッションは道徳的な思考を発達させるための議論です。

　さらに問題解決的な議論では、道徳的な問題の解決を共に目指すプロセスそれ自体の道徳的意義を重視します。二つの選択肢の一方を選ぶのではなく、よりよい解決や合意を求めて学び合う議論です。

　問いを共有して解決を目指す議論では、協働によって共同意識も育まれます。ぶつかり合って分かれる議論ではなく、つながりあってよりよいものを目指す。それは、善さを共に求める道徳的な実践でもあります。

議論で道徳性が育つの？

欧米の学校では議論する際に議論のルールも学習します。反論を個人攻撃にしないことも約束します。反対意見も傾聴し、互いに誠実に話し合う議論は、自由、公平、尊重など、価値を体験的に学べる道徳的実践なのです。

　道徳的な議論は、安心して話し合える共同体づくりを大切にします。互いの弱さを攻撃したり、理解できないと切り捨てたりせず、悩みや葛藤への共感的な姿勢を育てることも議論の学習に含まれます。この学級でもっと話したいという思いを持てるようになることは、道徳における議論の目標の一つなのです。

ここがポイント

◉道徳では、教師と子どもの対話だけでなく、子どもたちの対等な関係を作る議論も大切である。
◉道徳的な実践としての議論で、学級を安心して話し合える共同体に育てることが求められる。

（西野真由美）

Q17 多様な意見が出たとき、教師はどうまとめればいいの？（学習の振り返り）

意見が分かれたまま終わっていいの？

答えが一つでない問題を議論する授業では、最後まで子どもたちの意見が分かれたままになることがあります。そんな授業をどうまとめたらいいのでしょうか。「色々な意見が聞けてよかった」という感想も、毎回繰り返すのではマンネリ化しそうです。また、意見が分かれた議論のあと、最後に子どもたちから「先生はどっちなの？」と尋ねられることもあるでしょう。教師も自分の考えを話していいのでしょうか。

結論が出ない議論ばかり続けていると、子どもは話し合っても意味がないと感じてしまうかもしれませんね。

なぜまとめが必要なの？

そもそも、なぜ教師のまとめが必要なのでしょう。議論白熱で時間切れ。そんな授業も魅力的に見えます。

しかし、時間切れになってしまうと、学習を振り返って考えることができません。楽しかったけど今日は何を学んだんだろう。後からそう思うようでは、学びの深まりが感じられない授業に終わってしまいます。

教師は学習のおよその流れをイメージした指導案を作成して授業に臨みます。それは、子どもの学びの姿を予想しながらねらいをどう実現するかの見通しを持つのに役立ちます。

ただ、これまで道徳では、教師の発問を柱に学習過程を構想し、終末は教師の説話、そんなパターンが多く見られました。予想通りに展開して教師は満足しても、もしかしたら子どもにとっては何の驚きも発見もない授業だったのかもしれません。多様な意見が出て、思わぬ方向に進み、どうまとめればいいのかと悩んでしまうような授業には、大きな収穫が隠れていそうです。

終末を未来志向の振り返りに

では、具体的にどんなまとめができるでしょうか。

多様な意見に出会えた授業では、子ども自身が学びを振り返ってさまざまな意見からの気付きや発見を再確認し、何を学んだかを意識させましょう。教師は議論の流れを確認し、子どもがそのつど感じたことや考えの変化を捉え、考えの深まりを意識したり新たな疑問を出したりできるよう促す。そんな子ども自身による学習の自己評価を充実します。

授業での「振り返り」は、学習でえられたものから、これからの自分の課題や目標を見つけること、つまり、未来志向の振り返りです。学習の成果を子どもたちと共有するために、教師自身が議論を通して感じたことを、「正解ではなく、一つの見方」であることを示しながら語ってもよいでしょう。大切なのは、教師自身も子どもたちの議論から学べたという実感と探究を続ける姿勢を示すことです。共に考え議論することで何が達成できたか。それを言葉にして共有することで、教師も子どもも学びの深まりを実感できるのです。

（西野真由美）

ここがポイント

◉考え、議論する道徳の学習指導過程は、学習する子どもの姿を元に弾力的に構想する。

◉終末では、子どもが学んだことを振り返って、次の課題や目標を考えられるようにする。

Q18 子どもたちの学習上の困難さに応じてどんな配慮をすればいいの？

（困難さの状況に応じた配慮）

児童生徒一人ひとりは違う個性をもった個人であるため、それぞれの能力・適性、興味・関心、性格等は異なっています。したがって、そもそも学校教育においては、その成長過程において、一定の年齢に達すれば多くの子どもに共通して見られる発達の段階ごとの特徴を踏まえつつ、個々人としての特性等から捉えられる個人差にも配慮することが重要です。

どの学級にも一定程度在籍している可能性

発達障害とは、発達障害者支援法には「自閉症、アスペルガー症候群その他の広汎性発達障害、学習障害、注意欠陥多動性障害その他これに類する脳機能の障害であってその症状が通常低年齢において発現するものとして政令で定めるもの」と定義されています。

文部科学省の調査では、通常学級に在籍する発達障害の可能性のある児童生徒の割合は、「学習面又は行動面で著しい困難を示す児童生徒は六・五％」、「行動面で著しい困難を示す児童生徒は三・六％」、「学習面と行動面共に著しい困難を示す児童生徒は一・六％」と推計されており、どの学級においても一定数在籍している可能性があります。

また、平成二八年四月には「障害者差別解消法」が施行され、発達障害も含めた障害者に対し「不当な差別的扱い」を禁止し「合理的配慮の提供」を求めており、学習指導要領の総則においても「障害のある児童生徒などについては、…（中略）…個々の児童生徒の障害の状態等に応じた指導内容や指導方法の工夫を計画的、組織的に行うこと」と規定されています。

道徳科ではどう配慮すればいいか

「考える道徳」、「議論する道徳」へと質的に転換を図っていこうとする道徳科においては、問題解決的な学習など多様な指導方法が導入されることにより、問題場面を理解することや、答えが一つではない課題について、他者と協働しつつ考え議論していくことが重視されると考えられます。こうしたことが、これからの社会を生きる上で重要であることは、発達障害等のある児童生徒も同様です。したがって指導を避けるのではなく、指導する教員があらかじめ困難さの状況を把握し、適切な配慮を行うことが大切です。たとえば、困難の状況に対する配慮事項としては次のようなことが考えられます。

他人との社会的関係の形成に困難がある児童生徒の場合であれば、相手の気持ちを想像することが苦手で字義通りの解釈をしてしまうことがあることや、暗黙のルールや一般的な常識が理解できないことがあることなどの困難さの状況を十分に理解した上で、たとえば、他者の心情を理解するために役割を交代して動作化、劇化したり、ルールを明文化したりするなどが考えられます。

また、評価を行うに当たっても、困難さごとの配慮が必要であり、前述のような配慮を伴った指導を行った結果として、児童生徒が多面的・多角的な見方へ発展させていたり道徳的価値を自分事として捉えていたりしているかを丁寧に把握する必要があります。

ここがポイント

◉発達障害等のある児童生徒はどの学級にも一定程度在籍していると考えられる。

◉困難さの状況に応じて、たとえば動作化や明文化などの配慮が求められる。

（栗林芳樹）

Q19 道徳教育に評価があるの？

（道徳教育・道徳科における評価1）

道徳は、国語や社会のように評定がないことから、評価が行われていないと思われることも多いと思います。しかし、これまでも児童生徒理解に基づき、適切に評価を行うことが求められてきました。

何のための評価か

評価とは、児童生徒の側から見れば、自らの成長を実感し、意欲の向上につなげていくものであり、教師の側から見れば、教師が目標や計画、指導方法の改善・充実に取り組むための資料となるものです。

学校教育において指導の効果を上げるためには、指導のねらいや内容に照らして児童生徒の学習状況を把握すると共に、その結果を踏まえて、学校としての取組や教員自らの指導について改善を行うことが重要であり、このことは道徳教育についても同様です。

現行学習指導要領における評価

現行の学習指導要領では、総則に、児童生徒の「よい点や進歩の状況などを積極的に評価」して「指導の改善を行い学習意欲の向上に生かす」といった道徳教育も含めた評価に当たっての基本的な考え方が示されております。その上で道徳の時間については、児童生徒の「道徳性については、常にその実態を把握して指導に生かすよう努める必要がある。ただし、道徳の時間に関して数値などによる評価は行わないものとする」とされ、指導を通じて表れる児童生徒の道徳性の変容を、指導のねらいや内容に即して把握することを求めています。一方で、道徳性は人格全体に関わるものであり、数値による評価を行うことは適切ではないということが明記されています。

「特別の教科　道徳」における評価

道徳に係る中央教育審議会答申では、「道徳教育に関しては、指導要録に固有の記録欄が設定されていないこともあり、必ずしも十分な評価活動が行われておらず、このことが、道徳教育を軽視する一因となった」と指摘され、その改善を図る観点から、「指導要録に専用の記録欄を新たに設け、当該授業における児童生徒の学習状況を踏まえ、成長の様子などに係る顕著な事項を文章で記述することが考えられる」と述べられています。

文部科学省では、答申を受け、一部改正した学習指導要領において児童生徒の「学習状況や道徳性に係る成長の様子を継続的に把握し、指導に生かすよう努める必要がある。ただし、数値などによる評価は行わないものとする」とした上で、専門家会議を設置し評価に係る専門的な検討を行いました。今後、専門家会議の検討を踏まえながら、指導要録の参考様式や評価に当たっての留意事項などについて周知してまいります。

道徳科の評価は入試に使用しません

道徳科の評価は、他の児童生徒と比較して優劣を決めるような評価はなじまず、数値による評価ではなく、記述式により励まし伸ばす積極的評価として行うこととしています。したがって、選抜に当たり客観性・公平性が求められる入学者選抜とはなじまないものであり、入学者選抜のための資料として用いられる調査書に、道徳科の評価が記載されることはありません。

ここがポイント

◉道徳の教科化にともない、これまで以上に評価の意義や役割が明確化された。

◉道徳科の評価は入試で使用しない。

（栗林芳樹）

Q20 道徳教育をどのように評価するの？
（道徳教育・道徳科における評価2）

道徳教育において養う「道徳性」とは、人間としてよりよく生きようとする内面的資質です。したがって、この道徳性が養われたか否かは、容易に判断できるものではありません。では、何をどのように評価するのでしょうか。

「行動の記録」の一つとして

学校の教育活動全体を通じて行う道徳教育の評価については、小・中学校学習指導要領総則の「児童（生徒）のよい点や進歩の状況などを積極的に評価するとともに、指導の過程や成果を評価し、指導の改善を行い学習意欲の向上に生かすようにすること」との規定を踏まえ、指導要録上「各教科、道徳、外国語活動、総合的な学習の時間、特別活動やその他学校生活全体にわたって認められる」児童生徒の行動に関する「行動の記録」の一つの要素として評価がなされています。評価に当たって教師は、学校生活における児童生徒の行動を共感的に把握し、たとえば、「基本的な生活習慣」や「自主・自律」など指導要録に掲げられている項目に照らし、十分満足できる状況にあると認められる項目に「○」印を付すこととなっています。

道徳科では数値評価は行わない

道徳科の評価については、学習指導要領において「児童（生徒）の学習状況や道徳性に係る成長の様子を継続的に把握し、指導に生かすよう努める必要がある。ただし、数値などによる評価は行わないものとする」とされています。

改正後の学習指導要領に明示されている「学習状況や道徳性に係る成長の様子」については、道徳科の特質から、他の児童生徒との比較による相対評価や、目標に対してどの程度達成できたかという絶対評価ではなく、児童生徒がいかに成長したかを積極的に受け止め、励ます個人内評価として行うことが適切であるとされています。また、評価は数値ではなく記述式であることが求められております。したがって教師は、さまざまな方法を用いて「学習状況や道徳性に係る成長の様子」について把握し、把握された学習状況や道徳性に係る成長の様子を、積極的に励ます観点から記述式で評価を行うことが求められるのです。

これまで道徳の評価に当たっては、観察による方法、面接による方法、質問紙などによる方法、作文やノートなどによる方法などが学習指導要領解説において例示されてきました。これらはどれも重要な視点ですが、各学校においては、これらの方法のみに固執することなく、指導のあり方と共に評価のあり方についても研究を進めていくことが期待されます。

組織的な取組が必要

なお、道徳科の評価を推進するに当たっては、他教科同様、妥当性、信頼性のある評価が求められます。そのためには評価が、指導する教師個人のみに任されるのではなく、道徳教育推進教師を中心とし、学校として組織的・計画的に行われることが重要です。そして、組織的・計画的な取組が蓄積され定着すれば、教師の評価に対する負担の軽減につながるものと考えます。

ここがポイント

◉道徳教育の評価は「行動の記録」の一要素として実施。

◉道徳科の評価はその特質から積極的に励ます評価を記述式で実施。

（栗林芳樹）

松本美奈のここが聞きたい③

――子どもの成長　促す評価――

松本美奈×西野真由美

教育システムの全体像と、歴史的な経緯を聞いてきた。次は具体論だ。どんな授業をして評価につなげるのか。それは子ども、子ども同士、教師・学校との関係にどのような変化をもたらすのか。

ソクラテスの道徳

――よろしくお願いします。同じ質問からです。道徳とは何でしょう？

西野真由美（以下、西野）　いかに生きるべきかについての考え方、ですね。

――つまり哲学？

西野　そうですね。哲学は、いかに生きるべきかだけじゃなくて、存在とは何か、時間とは何か、知識とは何か、などなど、さまざまなテーマがあるでしょう。その中で、私は、そして人はいかに生きるべきかという実践に関わる哲学が道徳であると考えています（図）。哲学っておっしゃってくださったから哲学の話をすると、最初に道徳に注目したのはギリシアの哲学者ソクラテスです。ソクラテス以前の哲学のテーマは自然。自然や宇宙を観察して、事物は何から生まれるのか、万物の根源は何かを探究していました。すべての物は水から生まれる、いや火からだ、とね。自分の外にある世界に目を向けていたんですね。

――自然科学のような。

道徳のイメージ②

西野　そう、自然現象を合理的に説明しようとした点で自然科学の祖ですね。そんな中で、ソクラテスが初めて、人間、しかも自分自身に目を向けたのです。そして、生物的な意味で「ただ生きている」だけじゃなく、「善く生きる」とはどういうことかを探究した。人間という存在に目を向けただけではなく、人間の内面、つまり勇気や正義といった徳、心を探究しようとした。そして、こうした探究が、単なる知的探究ではなく、自分はどう生きるべきかという実践的問いにつながっていると示したのです。「汝自身を知れ」（これはギリシアの古い格言ですが）と、外の世界に向けられていた目を自分自身に向け、「善く生きるとはどういうことか」と人々に問い続けた。だから、ソクラテスが道徳哲学を創始した哲学者だと言われています。ソクラテスはこの問いを他の人々との対話を通して探究しました。まさに、「考え、議論する」道徳だったんですよ。

――ソクラテスは道徳のことをなんと呼んでいたのしょうか？　フィロソフィーは哲学ですね。

西野　ソクラテスにとっては、道徳について考えることがフィロソフィー（知を愛すること）だったのです。その探究の中心となったのが、ギリシア語でアレテー。人間の善さ、つまり「徳」です。「道徳」という語が哲学で使われるのはもう少し後、アリストテレスからです。ギリシア語では、エートス。これは、今は「倫理」と訳しますね。

――道徳の祖はソクラテスだとすると、万国共通でしょうか？

西野　あらわれ方は国によって異なるけれど、共通のものがあるということです。語源を辿って面白いなと思うのは、ギリシア語のエートスもモラルの語源であるラテン語（モーレス）も、二つの意味があることです。一つはその土地の習俗や慣習、もう一つは個人の性格や人柄です。日本語の「道徳」も、「道」と「徳」の二語でできていますよね。道は道理や道義のような社会の理（ことわり）、徳は人が持っている善さです。表現は違うけれど、いずれも、外にある社会と個人の内面という二つの面を含んだ言葉なんですね。

表現は違うけれど共通、ということでいえば、言語を話す能力がまさしくそうです。人間は生まれつき言語を話す能力を持っています。でも、何語を話すかは、どの国で育ったかによって違うでしょう。同じ日本でも、時代によって違いますし、現代でも地域によってさまざまな方言があります。でも、言葉を話す、という点は共通です。人間が共通に持っている能力です。どんな言葉を話すかは、生まれた時代や場所によって変わるけれど、そもそも言葉を通して人とコミュニケーションする、それは人間の本性です。道徳も同じ。人間として共通のものと、現れ方の違い。その両方を見ないといけないですね。

――表現の仕方が違うといった方がいいですか？

西野　そうですね。そして、どう表現するかによって、世界への見方や関わり方も変わってきます。たとえば、日本語は主語を明示しない言語ですね。英語では、私は〝I〟であって、それは誰と話しても変わりませんが、日本語では、相手によって使い分けます。「公の場で僕と言ってはいけません」とかね。そもそも、日本語では、「私は」とわざわざ言って話す方が少ないでしょう。相手を「あなた」と呼ぶこともありません。呼ぶのは失礼という感覚です。他方、英語では、教師にも「あなたはどう思いますか」と尋ねます。相手と話す時にいつも【私】を意識する言語と、「私」も「あなた」も一度も使わずに会話が成立する言語では、人間関係のあり方も変わってくるでしょう。

外の世界の見え方もそう。日本語には自然現象を表す美しい言葉がいくつもありますね。

――日本には雨や雲の状態を表す美しい言葉もたくさんありますね。

西野　それらの言葉は日本人の自然との関わり方を示していますます。自然と共に生きる生活から、さまざまな豊かな言葉が生まれ、今度は、その言葉で世界を見るようになる。そういうことが文化の違いになっていくのでしょう。だから、道徳で「表現の仕方が違う」と言うのは、「私はどう生きるべきか」という人間として共通の問いを考えようとするとき、私の生きている時代や社会を抜きに考えることはできない、ということでもあります。私たちの社会は何を大事にしているか、そして、未来に何を望むべきか。「私はいかに生きるべきか」という問いは、「私たちはいかに生きるべきか」という問いにつながっているんですね。

その「大事にしたいもの」は、もちろん一人ひとり違います。文化によっても違うけれど、歴史の中でも変わってきた。変わっていく中で、でも、変わらないものもあります。たとえば、育児の仕方は文化によるさまざまな違いが見られますが、人間には協同で育児をする、つまり母親以外の人間も育児に加わるという共通の特徴があります。これは人間に近い他の霊長類にはほとんど見られないことだそうです。私たちは、一人ひとりの価値観の多様性、時代による変化や文化による違いに目を奪われがちですが、たとえば、過去に友情を大事にしなかった文化はありません。「嘘をつきなさい」と子どもに教える文化は存在しませんでした。友情や誠実という価値自体が変化するのではなく、何が誠実か、友情をどう示すかという価値への見方、価値をどう実現するかに違いがあるのです。

――いかに生きるべきかというのは時代や文化、国によっても違う、人によっても違う。それぞれの生き方を考えましょう、というのが道徳だ、そういう理解でよろしいですか？

西野　そうですね、人はみな自分の人生を生きるのですが、その自分は人と一緒に生きている。だから、この世界で人と一緒に生きる自分の生き方を考えましょう、というのが道徳ですね。

道徳と幸福

――なるほど。自分の生き方だけを考えていたら自分さえ幸せならばＯＫという話になるけれど、世界は自分一人では成り立っていないから、他の人はどう生きているか、それも踏まえて自分の生き方を考えるということですか？

西野　そうですね。実は、道徳と幸せというのは、道徳哲学では大きなテーマなんですよ。道徳的に生きることで幸せになるのか、という問題です。

――道徳的に生きると幸せになるのですか？

西野　単刀直入な問いですね（笑）。道徳哲学の大問題ですから……。でもそれは、自分の人生の問題なんですよね。「道徳的に生きることが幸せか」。それは自分だけが答えられる、自分で答えを見つけなければならない問いです。だけど、その時、ぜひ考えてほしいのは、道徳的に生きると自分が損をするんじゃないか、ということについてです。道徳の教材なら自分の過ちを正直にいうと褒められるけど、じゃあ私も、と正直に自分の失敗を話したらすごく叱られた、みたいな。正直なのは損だな、って。自分の幸せだけを考えていてはいけないと言われたら、自分の幸せがちょっと減っちゃうような気がするかもしれません。電車で座席を譲るのだって、なんで自分も座っていたいのに他人のことを考えなければいけないんだろう？　って。でも、幸せと道徳の関係って、実はそんなに単純じゃないんですよ。自分中心に自分の幸せを追及していくと幸せになるのか？　それはわからないんですよね。何か人に役に立つことをやって、その中で自分の生きがいとか、生きる意味を見つけていくことが結果として幸せにつながっていくことだってありますよね。自分の幸せを追求する時にも、顔を上げて広い視野で見てほしい。目の前のことだけで考えない方がいいよ、というのが幸せを道徳的に考えることなんです。

――米国の絵本「しあわせのバケツ」（ＴＯブックス）を思い出しました。世界中の誰もが持っている「しあわせのバケツ」。目には見えないバケツを「しあわせ」でいっぱいにするには、誰かのバケツをいっぱい

にするのが一番！　と書かれていました。幸せと道徳の関係は見えてきたような感じがしますが、では幸せとは何か、次の疑問が浮かびますね。

西野　それも道徳で考えたいテーマですよね。実は、道徳哲学に大きな貢献をしたカントは、「私は何をすべきか」を決定する時に「幸せになるかどうかを考えちゃいかん！」って言ったんです。行為の結果、幸せになるかどうかではなくて、利害を離れて純粋に「何が善か」を考えるべきだ、とね。だから道徳的に生きると幸せになれるかというのは、カントからすると邪道な質問になるでしょう。カントにとっては、人が幸福になるかどうかは、道徳の問題ではなく、宗教の問題だったと言えるかもしれません。カントはキリスト教徒でしたから、幸福は個人が追求してえられるものではなく、神が整えてくれると考えたのでしょう。ただ、そんなカントも、幸不幸は自分次第、とか、道徳的な強さがあれば偶然や運命に振り回されない、とか、この世界での幸福を意識していたんですよ。ちなみに、もう一人の道徳哲学の巨人、アリストテレスは、人は幸福を追求するものだと認めて、善く生きることこそが幸福なんだと考えました。

――哲学上の立場は色々ですね。

西野　でも、現代の私たちが、公教育で道徳教育を行う根拠と目的を問うとき、道徳は子どもの幸せとは関係ありません、という立場では通らない、と私は思います。学校教育は道徳的な偉人を育てることが目的ではありません。それは、科学教育が全員を科学者に育てようとしているわけではないのと同じです。市民として生きるために必要な科学的な見方や考え方を教えるのが学校における科学教育の目的の一つであるのと同様に、学校で道徳教育を行う根拠は、一人ひとりが幸せに生きるための力になる、ということでなければならないと思うのです。

　何が幸せか。その答えは一人ひとり違うでしょう。でも、幸せの形はそれぞれ違っても、幸せを追求したい思いは人間に共通でしょう。幸せは多様だけど共通、なんですね。だから、それぞれが多様な幸せを追求できる社会の実現は、人間の共通の願いでしょう。道徳というのは、自分〝だけ〟の幸せを考えないことで、よりよい社会づくりの中で自分の幸せを創っていく力でもあるんですよ。一人ひとりの幸せとよりよい社会は相反するものじゃない。そういう未来を実現していくために学校の道徳教育がある。それが学校における道徳教育の存在理由でなければならないと思います。自分の幸せとよりよい社会を一緒に創っていく。そのために道徳教育に何かできるとしたら、とてもワクワクするじゃないですか。

――誰かの幸せを踏みにじらなくては幸せになれないということは、おかしいということですか。

西野　はい。しかも、それを無理に教え込まなくても実は人間には最初から道徳的な力、言語と同様に、生まれつきもっている、資質や能力があるんです。道徳哲学や教育学の歴史を見ると、道徳性は、生まれつき人間に備わっているのか、それとも教育で与えるものなのか、という論争はずっとありました。いわゆる性善説か性悪説か、ですね。現代では、その両方、生まれつきか環境や教育によるものかという二分法を越えて、生まれつき備わっているものを発展させていくと考えられるようになっています。生まれつき持っている力を教育で伸ばす。それも言語と同じですよね。人間は言語を話す力をもっているけれど、そのままで言語能力が育つわけじゃない。ふさわしい環境の中で育てていくものです。私は専門外ですが、近年の脳科学研究では、人間に協力行動を可能にする道徳性は脳に組み込まれているという見方が生まれています。

現代の道徳教育も、子どもにゼロから、白紙のところに正しいルールや善い行為を書き込んでいく、教え込むというイメージではなく、子どもにはもともと、人との関わりを喜び、善さを求める力があるというところから出発して、その持っている力を引き出していく、伸ばしていく。

――なるほど、educateですね。語源は確かeduce（引き出す）だとか。そうか、人はもともと道徳的なものを持って生まれていたのですか。哲学のうち一部分が道徳。モラルとかマナーという言葉と道徳という言葉は同列に扱われがちですが、そうなのでしょうか？

西野　道徳の語源に二つの意味があるといいましたよね。これは、道徳を外から見て、社会が共有しているマナーや規範と見なすか、内から見て、いかに生きるべきかをそれぞれが考え実践する力と見るか、その違いです。同じ現象を別の面から見ているんですよ。道徳というのは、内から見れば、人がいかに生きるべきかを考えるときに、今の自分の利害だけで考えないことです。つまり、自分中心という見方から抜け出すことが道徳のエッセンスなんですよね。そのエッセンスというのは、外から見た道徳、つまり、世の中で通用しているマナーや社会常識、規範と言われているものの中にも反映されているんですよ。

――つまり道徳に包含される要素、という理解でいいですか。

西野　そうなんです。道徳は、人の心の内側にも、外の世界にも存在している。そして、内と外とは互いに関わり合っているんですね。マナーやルールを守ろうとする規範意識は、外にあるルールが自分の内側、心に刻まれた状態、といえばよいでしょうか。大事なことは、人間というのは、自分の内側にも外側にも、自分の利益だけで行動を決めないような働きを持っている、ということです。その働きの全体を見るのはなかなか難しい。内にも外にもあり、マナーのような社会常識から人生いかに生きるかという問題まで、とても広いので、一度に全体を見渡すことがなかなかできないんですね。そうすると見る人によって違うものを見てしまう。それぞれ違う視点から見て、「これだ」と受け止めているのが道徳だと思うんです。でも、全体を見る視点を持てれば、その一部分を捉えていたんだな、とわかる。今回の特別教科化のキーワードにあるように多面的・多角的という言葉が道徳を理解するときにもまさにピッタリなんですよ。

――要するに、見る立場によって全然違う姿が見えてくる。

西野　そうなんです。それは道徳教育についても言えることなんですよね。

――今度は道徳と道徳教育を分けて考えてみましょうか。

西野　道徳が多様な意味を持つので、道徳教育にも多様な見方があります。道徳をどう捉えるかによって、何を教えるかが違ってくるからです。

道徳をルールや規範の面から見る人は、しっかり規範を教えるべきだと考えます。社会の中で正しいとされていることをきちんと身に付けることが大事だと。道徳は時代や文化によって違う面があると言いましたが、今の社会が大事にしている価値を学校教育でしっかり教え、継承すべきだ、という見方もあります。他方で、「私はいかに生きるべきか」を考えるのが道徳なのだから、自分の生きがいを見つける、自分の道を選択・決定し、実践していく力を育てるのが道徳教育だ、という見方もあります。そのために、自分なりの価値観を育てていくことが大切だ、と。その両方をつないで見るなら、私たちが大切にしてきたさまざまな価値やよさを学びながら、自分はどう生きるかを考えていくのが道徳教育だということになります。

――今の日本で大事にされている価値や、社会を守るきまりなどを教えるのが道徳教育。けれども、価値やきまり自身がおかしいことだってありますよね。

西野　あります。だから、道徳の持っている大きな力の一つは、今ある道徳を継承していくという面がある一方で、それを乗り越えていく、新しいものを創っていく、そういう力もあるということです。

――え？　道徳は批判が許される！

西野　もちろんです。批判して乗り越えていく力が道徳にはあります。一般的には、科学は歴史の中で進歩してきた、と考えられていますよね。

進歩する道徳

――賛成！　だって人間が空飛ぶなんて笑われた時代がありましたからね。

西野　じゃあ、道徳は？　道徳は進歩したでしょうか。そう聞かれると、「え〜？」って思われる方も多いんじゃないでしょうか。道徳が進歩？　時代によって変わったりはするけれど、それを進歩とは言わないんじゃない？　って。でも、道徳って自分だけの幸せを考えないってことでしょ。私は、道徳は、どれだけ自分以外の人のことを考えるようになったか、ということで進歩してきたと思っています。NHKの連続テレビ小説に『あさが来た』がありましたね。主人公のモデルは日本女子大学校の創立に貢献した広岡浅子さんで、世間の反対の中で我が国初の女子大学を作る苦労が描かれていました。私も女子大出身なので、女性が学べる大学を創るためにこんなに頑張った人達がいたと知って感動しました。この人たちがいたから今があるんだ、って。当時は、女性に学問はいらない、と思われていた。それに対して、なぜ女性が学んじゃいけないの？　女性だって学びたい、と声をあげた。女は学問なんてするもんじゃない、っていうのがその時の道徳だったわけでしょ？

——あれは道徳なんだ……。

西野　社会道徳ですよね。その時の社会が共有していた考え方だから。女が学問したいって言うと、そんなのおかしい、って言われた。その時代に「よい」とされた女性の生き方、道徳から外れていたからですよね。でもその時、「なぜ女性が学問してはだめなの？」って疑問を声に出した人がいて、道を拓こうとした。けれど、その時に、それに賛成してくれる人がいないと、道が拓いていかないんですよ。私が大事にしたい道徳、生き方があっても、一方で社会が共有している道徳もあるから、私だけが「こっちにも道を作りましょう」と言っても、社会が反対していたら道ができないのです。人と違う自分の幸せが実現するためには、自分の思いが他の人にも理解されないといけない。女性も学びたい、学ぶことが大切なんだってことが、世の中に共有されていく必要があるのです。で、その時何が起こったか。女性の力だけで道ができたわけではないんですよ。男性もその思いを共有した。女性は学ぶべきだって男性が思ったわけでしょ。これは不思議なことなんですけど、でも実は、人間が差別を克服していくときに、必ず起こっているんですよ。差別される側、少数者が声を大にするだけじゃなくて、多数の人たちの側に、「このままじゃいけないんじゃないか？」って思う人たちが必ず出てきて、世の中を変える力になっていく。

南米のアパルトヘイト撤廃もその運動を白人が支援しました。「私たちの道徳」で石井筆子さんを取りあげています。この方はご自身のお子さんが障害児だったのですが、その筆子さんに、「障害児も学ぶ力をもっている」と励まし、障害児のための学校を設立したのは、障害児とは関わりのなかった石井亮一氏でした。自分の所属する集団の利害を越えて、異なる立場に立つことができる。それは道徳の持つ大きな力なのです。自分と自分の集団の幸福だけを考えるなら、関係のない不幸なのに、「それはおかしい」と声をあげられる。よりよい社会を実現しようとする、そういうたくさんの声に支えられて、女性や障害者への差別が解消してきた。それこそ道徳の進歩なのです。

他人事を自分事にする

——道徳は進歩する。初めて聞きました。いま、一般的に道徳に対して、政治的な臭いや、押し付けがましさが漂っているけれど、批判することで新しい道徳に進化させることもできるということですね。

西野　そうです。今よりもっとよい、よりよい社会を目指すのですから。じゃあ、私たちの社会をよりよくするためにどこを変えていけばいいんだろう？　そう考えはじめた時、自分中心の見方では何が問題なのか気付きません。自分以外の人の立場に立ってみなければ気付かないことがあるのです。私が普通に生活していたら聞こえなかったかもしれない小さな声を聞き取ることができるようになる。困っている人に「どうなさいましたか」と声をかけられるようになる。「自分に何ができるか」と考えられる。そういう力を育てるのが道徳教育だと思います。

——よりよい社会という意味でいえば、そもそも今回の特別教科化はいじめ問題に端を発しています。では道徳教育を充実させるといじめを根絶できるのかにお答えいただけませんか。本書の中では「いじめと向き合う」とありますが、「解決する」「根絶する」力があ

るのかを問いたいのです。

西野　道徳教育は、子どもたちがいじめを解決する力を育てるものです。いじめの問題は、もちろん先生も一丸となって取り組むんですよ。でも、誰か他の人が解決してくれる問題じゃなくて、子どもたちが解決する力を持たなければ、本当の解決にはならない。

——他人事じゃなくて、我が事とする力ですよね。

西野　大人の中にもいじめはあるでしょう。子ども時代には学校で解決してもらいました、大人になったら解決してくれる人がいなくなりました、ではだめです。学校は全力でいじめに立ち向かって、子どもたちがいじめを解決していける力を育てる。それが学校教育の課題だという意味で、学校教育は道徳教育に向き合わなきゃいけないという、そういう思いを込めたタイトルなんです（注：タイトルは西野が決定し、貝塚が執筆した）。だから、「学校が解決します！」という姿勢ではないんじゃないかなと、私は思います。

——学校が解決するのではなくて、子ども自身が解決する、そのための道徳の特別教科化？

西野　そのための力を持たなきゃいけないと思います。現状を批判されたわけですよね。全然力になってないよと。道徳教育に関わってきた私たちはその批判を受け止めなければならない。今までなぜいじめに立ち向かえなかったのか。いじめを解決する力を育てるために、道徳教育に何ができるか。授業はどう変わるべきなのか。今回の学習指導要領には、そういう視点が反映されていると私は感じています。

いじめを解決できる？

——そうすると新しい質問が出てきます。なぜ今までの道徳でいじめは解決できなかったのでしょうか。どこに問題があったのでしょうか？

西野　そうですね、やはり道徳の授業が、子どもたちの抱えている問題を直接解決する場ではない、と捉えられてきたんですね。

——道徳の授業に対する「誤解」があったと。

西野　そうですね。誤解なんですよって声を大にしていいたい。今、子どもたちが抱えている問題を解決できなくてどうするんだ、って。ただ、ちょっと気を付けなければいけない面もあるんです。どういうことかというと、日本の教育活動には学級活動があります。学級活動は自分たちの問題を実際に自分たちで解決する場です。こういう活動と道徳の授業と、二つ持ってる国は世界的にも貴重で、日本の学校教育の強みです。この二つあるという利点を最大限生かしたい。

学級活動では、現実の問題を実践的に解決していく学習に取り組んでいます。実際、いじめの防止には、学級活動や生徒会活動など、子どもたち自身が具体的に提案して問題を解決しようとする実践が大きな成果を挙げています。そういう活動をもっと充実する一方で、道徳の授業の方は、同じアプローチをするのではなく、別の視点で、子どもたちの実践的な問題解決の活動を補ったり深めたりする役割を果たすことが期待されるのです。そこで、子どもたちが自分たちの問題を解決できる実践力を身に付けるために、道徳の授業で何を学べばいいのか、という視点で授業を見直すことが必要です。たとえば、いじめを予防する力や発見する力を育てる。いじめが問題として顕在化していない時でも、その芽に気付くには、今ある人間関係を道徳的な視点で内省して見ることが必要です。あるいは、ケーススタディ的に新聞記事を使って、こういういじめがあった、この問題をどう考えればいいんだろう、と議論する。また、なぜ、いじめが起きてしまうのか、いじめを止められないのはなぜか、そういう心の弱さに向き合って考える。こんな風に、色々な視点でいじめ問題を取りあげて考え、議論することです。いじめは子どもたちにとってとても身近な問題なので、どっぷり浸かって考えるだけじゃなく、ちょっと離れてみる、時には客観的に分析してみるのも有効です。私も、鏡を見て今日は疲れているな、と感じたり、自分の子どもを叱っている自分の顔を思わず見て、ああこんな顔で怒っちゃいけないな、と反省したりするんです。自分の顔や姿って自分では見えないですよね。だから、それをちょっと離れて見てみる。こういう自分は他人の目にはどう映っているだろう、と。視点を変えてみると、初めてわかることがあります。日本のことも日本を離れて外国に行ってみると逆に見えてくる、とかね。いじめも学級の中で全力で生きているときは、近すぎて見えないんですよ。

子ども同士の関係を変える

――いじめの問題については、道徳だけで解決できるって問題ではなくて、学活でやるべき課題と、道徳でやるべき視点というのがあって、構造的に考えなきゃいけない、ということですね。

西野　そうです。その全体が道徳教育なのです。道徳教育では学校の取組を全体計画として示すことになっています。その全体の中にそれぞれの活動や学習を位置づけるんですね。また、各学校がいじめ防止に向けた基本方針をそれぞれ示すことになりました。それは学校の日常生活から全部見直して、私たちの学校はこうやっていじめ防止に取組みます、という宣言でもあります。その中で学級活動も道徳科もそれぞれの役割を果たしていくことになります。

――いじめをなくすための具体として学校の計画があり、学活があり……。私も誤解していたかな。学習を客体視する意味での道徳と考えていました。いじめる自分、いじめを傍観している自分も含めて、いじめとは何か、人を踏みつけるとは何かと。自分たちの姿を俯瞰するのが道徳の授業だと思っていたのですが、違いますか？

西野　その通りですよ。人間としての生き方を考えるから、本音で話せるってこともあると思うんです。人間の本性を考えた時、人間ってそんなに理想的に生きられるものなのかな、もっと弱さや醜さがあるんじゃないか、そんな問いも生まれるでしょう。これは道徳教育の内容でもあるんですよ。「あなたは弱い」と言われたら辛いものがありますが、人はみんな弱いんだ、だから自分の弱さを乗り越えようと努力したり、助け合ったりしてきたんだ。そう思うと、自分の弱さへの見方も変わるのではないでしょうか。

　人の心にある、いじめに向かってしまう、弱いものをいじめてしまう弱さや醜さを人間の本性として認めて、でも、それは乗り越えられる、乗り越えてきた人たちがいるんだ、と学ぶことも道徳のテーマです。

――ちょっと離れたところでいじめる自分、いじめを傍観する自分、いじめられる自分全部含めて見て人間とは何か、自分は世の中とどう向き合って生きていかなくちゃいけないのかと考える、そういった思考をつないでいくと、子ども同士の関係は、いまとは変わると思ってもいいでしょうか。

西野　そうだと思います。私自身が、今までのいじめの取組では限界があったのでは、と感じたのは、大学生にいじめ問題について考えてもらった時です。いじめの原因を分析しながらどう解決していくかを提案してもらうんです。すると、必ず出てくるのが、「いじめられる側に問題がある」という意見です。時には、ここまで書くのかというくらい、いじめられる側の問題点を挙げる人も少なくありません。思わず、「あなたたちそれでいいの?」って言いたくなるような……。そして、「うちの学校ではこうだった」と、いじめをごく日常の一場面として語りあっていることにも驚きました。

――教員養成課程でのエピソードですね?

西野　教職の授業です。文科省が一貫して出してきたメッセージは、いじめられている側に問題があるのではない。いじめはどの子にも、どの学校にも起こりうるということです。欠点はきっかけにすぎない。欠点なら誰にでもあります。実際、人より優れた点がいじめの理由になってしまうこともあるから、理由なんて何でもありなのです。でも、彼らは学校時代に色々ないじめを経験したり目撃したり、そしていじめについて学習してきているはずなのに、それに気付いていない。理由があっていじめられているという思いを変える経験をしていないのです。

本音で人間を探究する

――なぜ被害者に被害の理由を求めるのか……。

西野　私が思うのは、もし、学校教育のどこかで、道徳の授業で「いじめはなぜ起こるんだろう?」と考え、議論する時間があったら、どうだっただろう、ということです。身近な現実ではなく、教材をケーススタディとして使って、「このいじめはなぜ起こったのだろう。いじめられる側に原因があったのかな。本当にそうかな?」と問う。議論の中で心の奥にある「先生はいじめる側が悪いとしか言わないけど、違うよね」という思いを一度は外に出す必要があると思うんです。出さないでいると、ずっとそのまま心に残っていく。これを道徳科で、授業で変えたいんですよ。仮に、日常生活の中で子どもが「いじめられている側にも問題がある」と発言したら、「本当にそうかな?」ではなく、「そうじゃない」と否定しなければなりません。これは必要な指導です。学校は何があろうといじめられている子を全力で守る。その姿勢は貫徹しなければなりません。もし、教師自身が「いじめられている側にも問題が……」と感じているなら、その姿勢は子どもに伝わります。それが納得できないなら、いじめを授業で取り上げる前に、まず教師自身がいじめについて理解を深めるのが先です。理解して、子どもたちを守り、その上で、道徳の授業は、「なぜいじめはいけないのか」、「なぜなくならないのか」、そして「自分たちに何ができるか」を本音で探究できる場にしてほしい。子どもたちには、自分たちで考え、納得できる答えが得られるまで、考える続ける機会を与えてあげたいのです。

　いじめや暴力、自殺、死といった負の面を正面から取り上げて議論する授業は、子どもへの影響力を考えると確かに難しさがあります。安易に取り組めないと思うのは当然です。抽象度の高い哲学的な問いや人間の弱さや醜さに向き合って人間としての生き方にアプローチする取組は、慎重さを忘れずに、子どもたちの成長を見ながら取り入れていきたいですね。

評価となじむのか

——人の心にアプローチする道徳ということになると、ますます評価とは馴染みにくいような気がします。特別教科化で「評価」も出てきますね。その必要はありますか。

西野　一番大事なのは、何のために評価するか、そして何を評価するか、です。道徳科の評価というと、人間性を評価するとか、生き方を評価すると受け取られるかもしれませんが、それは違います。学校が子どもたちの生き方とか人間性の全体を評価することはできない。何か頑張って工夫すればできるようになる、そういうものではありません。だから、その方向に向かって、どうしたらもっと正しく人間性を評価できるようになるか、などと突き詰めていく必要はないのです。人間性の全体を見ることはできない。それが評価の前に確認しておくべき第一のことです。

　道徳科の評価は、解説にもあるように、励ますため、その子の生き方を励ますための評価なんです。よさを引き出して励ます活動です。だから、その子自身が自分のよさに出会えるように、あるいは子どもが「もっとよくなりたい！」と思った時に課題や目標を見つけられるように。教師が「あなたの課題はこれです！」って示すんじゃないですよ。子ども自身が自分にはこんないいところがあるのかな、こういうところをもっと伸ばしていこうかな、と考えていくための手助けになるように。そのための評価なんです。

励ますための評価

——他教科の評価のありようとはずいぶん違いますね。

西野　違います。客観的にあなたはこのレベルと評価する必要がない、またそうすべきでないので、数値による評価をしないと学習指導要領で明示しています。

——通知表には「関心・意欲・態度」があります。何を基準に評価しているのか、常々疑問に思っていました。毎授業、何度も挙手をすると意欲が高くなるのだろうか。他教科も同じように、その子どもの行動や価値観を評価しているわけですよね。手を挙げるか挙げないかというのは、消極的なのか、人前で発言することをいとわないか、という人間性とも関わるでしょう。他教科でも評価してますよね。

西野　まず関心・意欲・態度は学習に向かう姿勢であって人間性の評価ではありませんし、手を挙げる回数などで単純に評価するわけではありません。ただ、関心・意欲・態度の評価はなかなか理解されにくかったという面はありますね。私自身の理解の助けになったのは、職場（国立教育政策研究所）の体育研究者の説明でした。それを使って説明させてください。

小学校の体育では跳び箱を跳びますよね。その学習で、最初から五段跳べる子どもと、最初は全然跳べなかったけれど練習して三段跳べるようになった子どもがいたとする。体育では技能を評価しますから、この二人の子どもでは、五段跳べる子の技能が高いと評価される。これは当然でしょう。でも、ゼロから三段跳べるようになった子どもの成長もすごい。この成長を評価したいと思いませんか。そうすると、最後に何段跳んだかという結果を評価するだけではなく、そこまでに何が起こっていたかという練習のプロセス、その中での変化を捉える必要があります。跳べるようになったのは、その子どもが自分の跳び方はどこがダメなのかを跳べる人と比べて考えたり、試行錯誤してみたりと工夫して改良していったのかもしれない。そうすると、「思考・判断」が高く評価できるはずです。あるいは、失敗しても繰り返し挑戦したり、友達に自分からアドバイスを求めたりしている様子が見られたら、「関心・意欲・態度」を評価できる。でも、跳べるようになるまでにその子にどんな変化があったのか、それはプロセスを見ないとわかりません。「思考・判断」を評価するには、たとえば、「どんな工夫をしましたか」などとワークシートで活動を振り返らせないと見えてきません。「関心・意欲・態度」は、子どもの学びの姿を観察する教師の目がなければ見逃してしまいます。成長へのプロセスで何が起こったかを見て、プロセスを評価することで、子どもも「じゃあ次は四段に挑戦しよう」とか「他の運動も頑張ってみようかな」と学習意欲を引き出せるでしょう。評価が次につながるのです。形、つまり最後に身に付いた技能や完成した作品、テストの点数。そういう結果の点からは見えないけれど、そこに至る子どもの学びのプロセスを線でつなぐと見えてくるものがある。それを評価に反映できないか。そこから生まれた評価観なんですよ。結果や成果物からは隠れてしまう、結果を生み出しているプロセスを評価することが子どもたちの次の学びにつながる。そういう見方なんですよね。

――なるほど。成績評価というのはそもそも子どもたちの成長につなげるもの、と考えていいのですね。あなたはダメ、努力が足りないと切り捨てるものではなくて、励ますためのものだと。他教科でも同じ事なのですね。

西野　いまおっしゃったことがとても大事です。何のために評価するか。これが一番大事なんです。教科の場合、以前は上級学校に進むための評価になりがちだったからこそ、プロセスを評価して学ぶ意欲を引き出せるようにした。そしてもう一つは、指導と評価の一体化、つまり評価を次の指導に生かすこと、指導を改善するための評価ですよね。道徳の場合は順位付けのための評価はありません。子どもの成長を促すためのプロセスの評価と教師の指導改善のための評価、この二つです。よさを見いだし成長を励ます言葉は、評価と呼ぶのはふさわしくないかもしれませんね。子どもの学びのプロセス、学びの姿を豊かに記述すること。学びの記録、と言った方がいいかもしれません。

評価が学校を変える

――何のために評価するのかという目的意識と、目指すところを、先生自身が明確に持っていないと危ない気がします。

西野　そうですね。そして、授業で何を評価するか、です。道徳科では、「思いやりがどのぐらいあるか」などと個々の内容項目の達成状況を評価するのではありません。学習の中で、自分の体験を思い出して自分事として考えようとしている、自分とは違う考えから学んでいる、議論の中で対立する見方を乗り越える視点を出そうとしている、学んだことをどう生かせるかを具体的に考えている、など、気付きや思考の深まり、実践への意欲などを見るのです。だから、授業の最後に「思いやりって何なのか、よくわからなくなった」と悩む姿も、問題を真摯に受け止めている「よさ」として積極的に評価できるのです。

――授業の位置づけをきちんとしておかないと、評価はできない、ということですね。

西野　そうですね。ただ、一つ注意したいのは、見るということについて、人間の目って信頼できない面があるんですよ。机の上にこうやっておいてあるものを忘れて帰ってしまうことってありませんか。人は見たいものしか見ていなかったり、見えやすいものしか見えなかったり、見落としが多いのです。道徳科では、目指す子どもの姿を意識しすぎることで、子どもの重要な言葉や振る舞いを見逃してしまう可能性もあります。目指す姿を持ち、ねらいを意識するのはいいのですが、関係ないかもしれないけれど気になること、面白いなと思ったことなど、授業で見えた子どもの姿、エピソードを自由に記述することも大切です。実はそれが後から見返すと意味のあることだった、ということもあるんですよ。ねらいだけに縛られずに、まずは、授業での子どもの姿、発言の変化を見ることが大切です。

――先生がどれほど子どもを見ているか。その点でも先生の責任は重いということですね。

西野　あまり先生に負担をかけたくはないですが…

――でもプロでしょう？

西野　先生たちは子どもを見る力があるんですよ。そういう意味では、先生たちは教科を教えるプロですが、子どもを見るプロでもあるんですね。とくに幼稚園や小学校低学年の先生はそう。学年が上がると教える内容のボリュームが増えるので、どうしても教科書や教材の方を見てしまうんですね。学びの姿よりも、教えたことをどれだけ理解しているかを見てしまう。幼稚園の先生や保育園の保育士、特別支援学校の先生たちは子どもを見るのが勝負だから、すごく見てますよね。今日はこうだったよ、そういえば昨日は違ったのにって、すごく生き生きと語ることができるんですね。先生たちには子どもを見る力があるのです。その力を学年が上がっても発揮してほしい。そのためにも「チーム学校」です。自分だけで見るのではなくて、違う目で、多くの目で見る。そして、違う見方に出会ってほしい自分は前からだけ見てたけど、後ろから見るとこの子ってこうなんだね、って。

――まさに「多角的」ですね。先生が子どもを見る時

間を確保するためにも、学校内の業務、校務、学校の計画などさまざまな見直しが必要ですね。

西野　賛成です。多くの目で見るには、先生たちが共同で子どもたちを見る。中学校の先生は慣れていらっしゃいますよね。担当教科での子どもの姿を知っていますから。だから、職員室で「この教科ではこうだったよ」って話すと、「え～？　そうなんだ」って話が弾みます。職員室での子どもを巡る会話が増えるような環境を作る中に、業務を減らすことも含まれますね。

――道徳の評価が、子どもと向き合う環境を整えるためのきっかけになると、学校全体が大きく変わりそうですね。

西野　そうですね。記述による評価だから、子どもの姿を具体的に書かなきゃいけない。「それじゃあ、もっと見なきゃ」ってなるでしょう。書かれた評価は保護者に渡ります。保護者はそれを見て、「うちの子にこんなところが？」と驚くかもしれない。それが、教師と保護者の対話のきっかけになればいいと思います。そして、お互いに見えなかった姿が見えて、子ども理解を深められたら、と願っています。

ひとこと

評価は子どもの「価値」を決め、「序列化」するものとして使われてきた。それが「励ます」ものに変わったら――。見たこともない学校教育のありようを、つい夢見てしまう。（奈）

第4章
道徳に何ができるの？
――ヨコに広がり、タテにつながる教育――

道徳で「アクティブ・ラーニング」？ 「アクティブ・ラーニング」を取り入れた授業ってどうやるの？そもそも「アクティブ・ラーニング」って何？ 「総合的な学習の時間」とどう関係するの？ いろいろな疑問の声が聞こえてきそうです。次期学習指導要領を「先取り」して実施する「特別の教科 道徳」は「主体的・対話的で深い学び」と整理される「アクティブ・ラーニング」と無関係ではありません。答えがないかもしれない問題を、自分自身の問題として向き合う「考え、議論する道徳」も「アクティブ・ラーニング」と密接に関係しています。本章では、次期学習指導要領改訂を視野に入れた今後の道徳教育について解説します。

Q1 道徳に取り入れられる「アクティブ・ラーニング」って何？

（「アクティブ・ラーニング」の視点）

「主体的・対話的で深い学び」の実現

情報化やグローバル化が急速に進み、将来の予測が難しいこれからの時代を生きていく子どもたちには、自分なりに試行錯誤しながら新しい価値を生み出し、未来を切り開いていくことが求められます。学校教育には、そのために必要となる生きて働く知識や力を、子どもたちに備えさせていくことが求められています。

社会で生きて働く知識や力を育むためには、子どもたちが「何を学ぶか」という学習内容のあり方に加えて、それらの内容を「どのように学ぶか」という、学びの過程のあり方に光を当て、その質を高めていくことが重要です。世の中をどのような視点で捉え、どのような枠組みで考えたらいいのかという、物事に対する見方・考え方を働かせて深く理解したり、多様な人との対話で考えを広げたり、学ぶことの意味と自分の人生や社会のあり方を主体的に結びつけたりしていくという学びが実現されることによって、学校で学ぶ内容が、生きて働く知識や力として育まれることになります。

こうした学びの過程を一言で言えば、「主体的・対話的で深い学び」ということになります。「アクティブ・ラーニング」とは、こうした学びが実現するように、日々の授業を改善していくための視点です。二〇二〇年（平成三二年）から実施される新しい学習指導要領の重要なポイントの一つですが、道徳においては、

「考え、議論する道徳」の実現という形で、いち早く取り入れられることになりました。

「授業研究」の視点として改善に生かす

　教育方法に関するこれまでの議論においても、子どもたちが主体的に学ぶことや、学級やグループの中で協働的に学ぶことの重要性は指摘されてきており、実践も積み重ねられてきているところです。我が国では、教員がお互いの授業を検討しながら学び合い、改善していく「授業研究」が日常的に行われ、国際的にも高い評価を受けていますが、そうした中で、子どもが興味や関心を抱くような身近な題材を取り上げて、学習への主体性を引き出したり、少人数で対話しながら多様な考え方に気付かせたりするための工夫や改善が積み重ねられています。こうした「授業研究」の成果は、日本の学校教育の質を支える貴重な財産です。

　一方で、こうした工夫や改善の意義について十分に理解されていないと、たとえば、授業を子どもの自主的活動にばかり委ねてしまい、学習成果につながらない「活動あって学びなし」と批判される授業になってしまったり、特定の教育方法にこだわるあまり、指導の型をなぞるだけで学びにつながらない授業になってしまったりという恐れも指摘されています。

　子どもたちに求められる資質・能力を育むためには、どのような学びが必要か。「アクティブ・ラーニング」は特定の指導方法のことではなく、教員が絶え間なく授業の工夫・改善を行うことで実現される、子どもたちの「主体的・対話的で深い学び」のことなのです。

（大杉住子）

ここがポイント

◉「アクティブ・ラーニング」とは特定の指導方法のことではなく、「主体的・対話的で深い学び」の実現に向けた不断の授業の工夫・改善の視点。

◉日本の学校教育の質を支える「授業研究」の視点として共有し生かす。

Q2「アクティブ・ラーニング」がなぜ道徳と関わるの？

（「アクティブ・ラーニング」の視点と道徳の関係）

資質・能力を育む「アクティブ・ラーニング」

「アクティブ・ラーニング」の視点が目指すのは、「主体的・対話的で深い学び」を実現し、学校で学ぶことが、社会で生きて働く知識や力として子どもたちに身に付くようにすることです。

「アクティブ・ラーニング」と聞いて、総合的な学習の時間で地域の課題を解決したり、特別活動でクラスの問題を話合いで解決したりするなど、身近な問題に行動を起こして解決することをイメージされることも多いのですが、それだけではありません。生きて働く知識や力、言い換えれば、これからの時代に求められる「資質・能力」を育成する学びを実現する、教育課程の全ての教科等に関わるものです。たとえば、国語や数学において「主体的・対話的で深い学び」を実現して、複雑な文章を読解できる力や、数学的思考で物事を論理的に解決する力を育むことなども含まれます。

次期学習指導要領に向けて平成二八年一二月中央教育審議会がとりまとめた答申においては、全ての教科等について、次の三つの柱に基づき育成すべき資質・能力を明確にし、そのために必要な指導方法の工夫・改善を図っていくこととされています。

①何を理解しているか、何ができるか（生きて働く「知識・技能」の習得）

②理解していること、できることをどう使うか（未知の状況にも対応できる「思考力・判断力・表現力等」の育成）

③どのように社会・世界と関わり、よりよい人生を送るか（学びを人生や社会に生かそうとする「学びに向かう力・人間性等」の涵養）

「考え、議論する道徳」と「アクティブ・ラーニング」

道徳教育においては、既に行われた学習指導要領の一部改訂で、資質・能力の明確化と「アクティブ・ラーニング」の視点からの授業改善が先取りされました。

道徳教育を通じて育む資質・能力については、総則において、道徳教育を通じて「自己の生き方を考え、主体的な判断の下に行動し、自立した人間として他者と共によりよく生きるための基盤となる道徳性」を養うこと、「特別の教科　道徳」の目標において、「よりよく生きるための基盤となる道徳性」を養うことと、道徳性を構成する諸様相である「道徳的な判断力、心情、実践意欲と態度」を育てることが明確にされました。

この道徳性は、前述の資質・能力の三つの柱全てに関わるものですが、とりわけ③どのように社会・世界と関わり、よりよい人生を送るかに深く関わるものです。私達が人生の中で未知の課題に出会ったときに、その課題にどのように向き合い、どのような価値を大事にしながら判断し、知識や力をどのような方向性に生かしながら解決していくのか。そうした生き方の基盤となる資質・能力が、道徳性であると考えられます。

こうした道徳性を育むには、一人ひとりの子どもたちが、答えが一つではない道徳的な課題を、自分自身の問題として向き合う「考え、議論する道徳」を実現していくことが必要です。その実現に向けて指導方法の工夫・改善を図ることが、道徳における「アクティブ・ラーニング」の視点ということになります。

（大杉住子）

ここがポイント

◉「考え、議論する道徳」の実現が、道徳における「アクティブ・ラーニング」の視点。

◉よりよい人生のための基盤となる道徳性を、「考え、議論する道徳」を通じて育む。

Q3「アクティブ・ラーニング」の視点で授業を改善することで何がどう変わるの？・

（「アクティブ・ラーニング」で変わる授業）

形式的な「読み物道徳」からの転換

道徳における「アクティブ・ラーニング」の視点の意義は、一人ひとりの子どもたちが、答えが一つではない道徳的な課題を、自分自身の問題として捉えて向き合う「考え、議論する道徳」を実現していくことにあります。

これまでの道徳については、子どもたちに、道徳的な実践への決意表明を迫るような安易な指導を避けた結果、いわゆる「読み物道徳」に偏ってしまっているのではないかとの指摘もされてきました。子どもたちの内面にかかわる指導で完結させようとするあまり、読み物教材の登場人物の心情理解のみに偏った形式的な指導となり、「自分ならどのように考え、どのような行動をとるか」を子どもたちに正面から問うことを避けてきたのではないか、といった指摘です。

こうした指導を質的に転換し、問題解決的な学習や体験的な学習など多様な指導方法の工夫を行いながら、自分ならどうするかを考えさせ、異なる意見と向き合い議論する中で、物事について多面的・多角的に考え、主体的に判断し行動を選択することができるようにしていくことが「考え、議論する道徳」であり、「主体的・対話的で深い学び」の実現であるということです。

授業を支える教材等の工夫・改善

こうした視点からの改善を進めていくことにより、

教材のあり方や指導計画の作成、指導体制の充実、家庭や地域社会との連携・協働など、道徳の指導を支えるさまざまな側面における工夫・改善が進むことも期待されています。

たとえば、教材のあり方については、子どもたちが、自分に関わることとして、問題意識を持って多面的・多角的に考えたり、興味や関心を持って感性を働かせながら学び、感動を覚えたりするような充実した教材を開発・活用していくことが重要になります。日頃から広い視野と柔軟な発想で教材を求めていくことにより、子どもたちが自分の経験や生活を振り返って道徳的価値の意義や大切さを考えたり、今日的な課題や身近な課題について深く考えたりすることができる教材、多様な考え方を理解しながら主体的に判断してよりよい人生を切り開いていくことの魅力に気付ける教材といった、教材の充実につながることが期待されます。

また、指導計画の作成にあたって、指導を通じてどのような学びの姿につなげていくのかという観点を持つことにより、指導のねらいや展開をより明確していくための工夫・改善につながっていくことになります。

指導体制についても、道徳教育推進教師を中心に、「アクティブ・ラーニング」の視点を共有することにより、学校全体での取組を進めやすくなります。

また、家庭や地域社会との連携・協働がさらに進んでいくことも期待されます。外部人材の活用や地域教材の活用などはもちろんのこと、目指す学びのあり方を共有しながら、これからの時代に求められる資質・能力を共に育んでいくという、「社会に開かれた教育課程」の考え方の実現が目指されます。

（大杉住子）

ここがポイント

◉読み物教材の登場人物の心情理解のみに偏るような形式的な指導から転換。

◉「考え、議論する道徳」の実現に向けて、指導や教材等を一体的に改善・充実。

Q4 なぜ道徳で「主体的な学び」や「対話的な学び」が要るの？
―（「アクティブ・ラーニング」の「主体的な学び」と「対話的な学び」）

道徳における「主体的な学び」とは

「主体的な学び」とは、中央教育審議会答申の中で、「学ぶことに興味や関心を持ち、自己のキャリア形成の方向性と関連付けながら、見通しを持って粘り強く取組み、自らの学習活動を振り返って次につなげる」学びのことであるとされています。

道徳性を育むためには、こうした「主体的な学び」を通じて、道徳で学んだことを自分との関わりで考え、自分の人生に主体的に生かそうとしたり、答えが一つではない課題や多様な価値観が対立する場面であっても、自ら粘り強く考え続けたりする姿勢を持てるようにすることが重要です。特定の価値観を押しつけたり、主体性を持たずに言われるままに行動するようにしたりすることは、道徳教育が目指す方向の対極にあるものであることは言うまでもありません。

こうした「主体的な学び」の観点からは、子どもたちが自らを振り返って成長を実感したり、これからの課題や目標を見付けたりすることが重要です。道徳的価値に照らしながら、自分の生活や考えを見つめ、自らの課題や目標を捉えることや、望ましい自分のあり方を求めて、学習の見通しを持ちながら学び方を自ら考え工夫すること、振り返ることで自分の成長を実感し、新たな課題や目標につなげることなどが求められます。

また、道徳で学んだことを自分との関わりで捉えて、自分の将来に進んで生かせるようにすることも重要です。道徳的価値に向き合いながらいかに生きるべきかを考え続け、よりよい人生を切り開いていくことの魅力に気付かせるような指導の工夫が求められます。

道徳における「対話的な学び」とは

「対話的な学び」については、「子供同士の協働、教師や地域の人との対話、先哲の考え方を手掛かりに考えることを通じ、自らの考えを広げ深める」学びのことであるとされています。

道徳において、物事を多面的・多角的に考えていくためには、子どもが自分の体験や考え方、感じ方を交えながら話合いを進める学習活動が重要な役割を果たします。自分の考え方や感じ方を伝えたり、異なる考え方や感じ方に接することで、自分の考えを整理して明確にしたり、多様な考え方を理解して自分の考えを広げ深めたり、他者と共に新しい考え方を生み出したりすることができるようになります。

また、「対話」の相手は子ども同士だけではありません。指導者である教師との信頼関係の中で学んだり、教材を通じて、先人の考え方や、アスリートなど現代に生きるさまざまな人々の生き方に触れたりすることも、重要な「対話的な学び」であると考えられます。

教室で子ども同士の「対話的な学び」を効果的に行えるようにするためには、教師と子ども、子ども相互の信頼関係が基盤となります。「対話的な学び」を促すことが人間関係をより豊かにし、よりよい学級経営につながることも念頭に置きながら、日常の学級経営を通じて、一人ひとりが自分の考え方や感じ方を伸び伸びと表現できる雰囲気を創り出すことが重要です。

（大杉住子）

ここがポイント

◉主体的に学んで自らを振り返り、自分の成長を実感。

◉対話的に学んで異なる考え方等に接し、自分の考えを広げ深める。

Q5 道徳に「深い学び」？

（「アクティブ・ラーニング」の「深い学び」）

「深い学び」とはどのような学びか

「深い学び」とは、中央教育審議会答申の中で、「習得・活用・探究という学びの過程の中で、各教科等の特質に応じた見方・考え方を働かせながら、知識を相互に関連付けてより深く理解したり、情報を精査して考えを形成したり、問題を見いだして解決策を考えたり、思いや考えを基に創造したりすることに向かう」学びのことであるとされています。

「アクティブ・ラーニング」の三つの視点のうち、「主体的な学び」と「対話的な学び」についてはその趣旨が理解しやすく改善が図りやすいのに対して、「深い学び」についてはイメージがつかみにくいとの指摘もあります。「深い学び」の具体的なイメージについては、今後、中央教育審議会の答申や改訂される学習指導要領を踏まえ、教育実践と指導案などが集約・共有化されていきますが、各教科等で共通に議論されている、学びの「深まり」の鍵となる重要なものが、各教科等の特質に応じた「見方・考え方」です。

「見方・考え方」とは何か

子どもたちが、各教科等の学習において、さまざまな知識や力を身に付けていく過程の中では、「どのような視点で物事を捉え、どのように思考していくのか」という、物事を捉える視点や考え方も鍛えられていきます。たとえば算数・数学では、事象を数量や図形及びそれらの関係に着目して捉えて論理的に考えていくこと、国語では、自分の思いや考えを深めるため、言葉の意味や働き等に着目して捉えることなどです。

こうした「見方・考え方」は、各教科等の学習の中で活用されるだけではなく、大人になって生活していくにあたっても重要な働きをするものです。私達が社会生活の中で、データを見ながら考えたり、アイデアを言葉で表現したりする時には、学校教育を通じて身に付けた数学的な見方・考え方や、言葉に対する見方・考え方が知らず知らずのうちに活用されているのです。

道徳における「見方・考え方」とはどのようなものでしょうか。中央教育審議会答申では、様々な事象を道徳的諸価値をもとに、自己との関わりで広い視野から多面的・多角的に捉え、自己の人間としての生き方について考えることが、道徳における「見方・考え方」として整理されています。そうした「見方・考え方」を鍵に「深い学び」を実現するためには、日常生活の問題を道徳上の問題として把握したり、自分の生き方に関する課題に積極的に向き合って考え判断したりするといった、問題解決的な学習を含む多様な指導の工夫が求められます。

「アクティブ・ラーニング」の視点については、深まりを欠くと表面的な活動に陥ってしまうといった失敗事例も報告されており、「深い学び」の視点は極めて重要です。今後、この「見方・考え方」を軸としながら、道徳における「深い学び」の実現を目指した授業改善の取組が活性化されることが期待されます。

（大杉住子）

ここがポイント

◉「様々な事象を、道徳的諸価値をもとに、自己との関わりで広い視野から多面的・多角的に捉え、自己の人間としての在り方について考えること」などが、道徳における「見方・考え方」として整理される予定。

◉道徳における「見方・考え方」を軸に、「深い学び」の実現をめざした授業改善を活性化。

Q6　他教科の学びとどうつながるの？（カリキュラム・マネジメント）

各教科等をつなぐ「カリキュラム・マネジメント」

道徳教育は、「特別の教科　道徳」を要としながら、学校の教育活動全般を通じて行うものです。各学校は道徳教育の全体計画を定めることとされており、その中で、学校としてどのような目標の達成を目指すのか、各教科等がどのように役割を分担し、相互に関連づけながら道徳教育を実施していくのかが示されています。

中央教育審議会の議論において、これからの教育課程については、各教科等を学ぶ意義を大切にしつつ、教科の枠を超えた視点を持ち、教育課程全体で子どもたちにどのような資質・能力を育むのかを明確にして共有し、教科横断的な視点で教育内容を組み立て、地域等の資源も活用しながら実施・改善していくことが重要であるとされています。これが「カリキュラム・マネジメント」と呼ばれるものです。

道徳教育においても同様に、教科を超えて、育てたい子どもの姿や道徳教育の基本方針、重点化する指導内容などを共有しながら、教育内容を組み立て、地域等と連携しながら実施・改善していくことが求められます。全体計画を中心としながら、教科を越えて学校全体で道徳教育を展開していく「カリキュラム・マネジメント」を確立していくことが、全ての教科等をつないだ道徳教育を実現していくための重要なポイントとなります。

各教科等における人間性の育成と道徳教育

各教科等を学ぶことで、子どもたちにどのような知識や力が身に付くのかについては、現在、中央教育審議会において、資質・能力の三つの柱に基づき議論されています。

①何を知っているか、何ができるか（「知識・技能」）

②知っていること、できることをどう使うか（「思考力・判断力・表現力等」）

③どのように社会・世界と関わり、よりよい人生を送るか（「学びに向かう力・人間性等」）

道徳教育は、特に③の人間性等の育成に深く関わるものです。たとえば、言葉によって困難を克服し社会や文化を創造しようとする態度（国語）、社会的事象について、よりよい社会を考え課題を意欲的に解決しようとする態度（社会）、数学を活用して粘り強く考え生活等に生かそうとする態度（算数・数学）、自然を敬い科学的に探究しようとする態度（理科）、つくりだす喜びを味わうことや生活や社会の中の美術文化と豊かに関わろうとする態度（図画工作・美術）といった、人間性等に関わる資質・能力の育成が、全ての教科等において目指され、そうした育成を目指す教育の中に、各教科等における道徳教育が含まれるものと考えられます。

道徳教育の要である「特別の教科　道徳」が充実することで、各教科等における人間性の基盤が形成され、各教科で育まれた人間性等が、「特別の教科　道徳」の学びにおいても発揮される。こうした好循環が生み出していくことが期待されています。

ここがポイント

◉各教科等の学びを「カリキュラム・マネジメント」でつないでいく。

◉道徳教育は、各教科における人間性の育成と深く関わる。

（大杉住子）

Q7 親・保護者はどう関わったらいいの?
(親・保護者との連携と協力)

学校の道徳教育に積極的に関わる

親・保護者も道徳授業に参加する。親・保護者が子どもと共に学び、教師と考えることで、学校と家庭を結び付け、相互に「考え、議論する道徳」の場として積極的に関わり合うことが期待されます。

「道徳が教科になる」ということは、多くの親や保護者の方にはピンとこないかもしれません。もしかしたら、「え、道徳って教科ではなかったの?」という反応の方が自然かもしれません。「私たちの時も一応は授業もあったし、教科書もあったよ」という方も少なくありません。この点の詳細については、第1章で述べましたので、ここでは繰り返しません。

また、一般に行われてきた道徳授業は、「読み物資料」を読んだり、テレビを見て感想を書いて終わり、という内容が多いことも指摘しました。道徳の授業で何を学んだか記憶にない、との答えが多数を占めたという調査結果もあります。子どもにとっては、主要教科の合間の「息抜きの時間」であったとの回答も少なくありませんでした。

こうした道徳授業への評価は、現在の子どもたちの親・保護者にとっても同様です。むしろ、道徳授業の実施率は、親・保護者の世代の方が低かったため、道徳授業へのイメージはさらに否定的であったと言えるかもしれません。

つまり、親・保護者もまた、子どもたちと同様に道徳授業についてのイメージが乏しく、そもそも道徳教育で何を学ぶのかわからない、というのが実態なのです。よい授業を受けたという「経験知」が不足していると言い換えることもできます。そのため、「道徳が教科になる」といっても、その関心の中心は、そこで何を学ぶかということよりは、「成績は付くの？」「それは内申書に関係するの？」というものとなりがちです。

教師と共に創り上げる道徳授業

もっともそれは、親や保護者のみに責任があるわけではありません。戦後の日本社会には、「道徳アレルギー」とでもいうべきものがありました。そのため、私たちは、子どもの道徳教育をどうすべきなのか、という課題を正面から受け止めて議論してきたとはいえません。

しかし、将来の社会や子どもたちを取り巻く現実は、大きな混迷と試練の時代を迎えようとしています。だからこそ、将来の社会の主体となる子どもたちには、「人としての生き方やあり方について、多様な価値観を認識しつつ、自ら考え、他者と対話し協働しながら、より良い方向を模索し続ける資質・能力」が必要なのです。そのための「考え、議論する道徳」とも言えます。

親・保護者、そして多くの教師もまた、よい道徳授業の「経験知」を多く持っていません。したがって、親・保護者も教師と共に、より良い道徳授業を創り上げるという意識改革が必要です。学校は、道徳の授業を積極的に公開することはもとより、親・保護者の協力と参加を得ることも重要です。

ここがポイント

◉学校や親・保護者には、学校の道徳授業に積極的に参加し、関わるという意識改革が求められる。

◉親・保護者が学校の道徳教育に参加し、「考え、議論する道徳」を学校と共に創り出すことが必要である。

（貝塚茂樹）

Q8 高校教育との関係は？
（道徳と高校教育）

高校における道徳教育のあり方

高校段階では、義務教育における道徳教育の成果を受け継ぎながら、それをさらに高め、自分自身についてや、自分と他者との関係、自分と社会との関係について、自ら問いを見出して考え、判断しながら、自分自身で判断や行動の選択基準を形成していくことが求められます。

学んだことと自己の生き方や社会のあり方を、主体的に関連づけていくことができる発達段階であることを踏まえ、要となる教科は置かれていませんが、「人間としての在り方生き方」を教育目標に掲げる公民科（現代社会、倫理）と特別活動を中核的な指導の場面として重視することとしています。各学校が、道徳教育に関する指導の方針や重点を明確にして全体計画を作成し、教科の枠を超えて学校教育全体で道徳教育を実施していくという点は、義務教育段階と変わりはありません。

新科目「公共（仮称）」の設置

道徳教育の中核的な指導の場面として重視されている「公民科」においては、次期学習指導要領において、共通必履修科目「公共（仮称）」を新設することが検討されています。

これは、選挙権年齢の一八歳への引き下げなども受け、高校生が卒業までに共通に身に付けておくべき資質・能力とは何かという議論を進める中で、全ての高校生が学ぶ共通必履修科目のあり方についても見直しが行われることとなったものです。社会が加速度的に変化していく中でも、選択や判断の手掛かりとなる考え方等を活用してさまざまな課題を協働的に考察し、よりよい社会づくりに主体的に参画していくために必要な力を、人間としての在り方や生き方の考察と関わらせながら育んでいくことが検討されています。

新しい学習指導要領においては、この「公共（仮称）」を全ての高校生が学び、現実社会の諸課題と自分の在り方生き方が結び付いた学びが実現されることによって、社会の変化に主体的に対応して生きていくことができる人間として必要な道徳性の育成につながり、高校における道徳教育の充実が図られることが期待されています。

「カリキュラム・マネジメント」の重要性

高校における道徳教育については、生徒のキャリア形成の方向性等に応じた多様な対応が求められることや、要となる時間がないことなどにより、実施が不十分ではないかとの指摘もあるところです。

高校段階では、学んだことと自己の生き方等を、主体的に関連づけていくことが重要であることを再確認しつつ、各学校が、育てたい生徒の姿や指導の方針、重点などを明確にしながら、「カリキュラム・マネジメント」の中で道徳教育を充実させていくことが強く求められるところです。

（大杉住子）

ここがポイント

◉高校の道徳教育は、義務教育の成果を受け継ぎ、公民科などを中核的な場面として学校教育全体で実施。

◉今後「公共（仮称）」が新設される見込み。現代的な諸課題を踏まえた道徳教育の充実に期待。

Q9 道徳で、社会で生きていくために必要な力が付くの？

（社会をよくするための道徳教育）

社会で生きる力を育てる道徳教育

社会で生きていくためには道徳を基盤とした力が必要であり、道徳教育の大きな目的は、社会で生きていく力を育てることにあります。

これはどういうことでしょうか。歴史小説家の司馬遼太郎は、人間は助け合って生きる存在であり、社会とは「支え合う仕組み」であると言っています。人間は一人で生きていくことはできない社会的な動物です。したがって、私たちが生きていくためには、社会という共同体の中で助け合い、自分以外の他者と「支え合う」関係を抜きにすることはできません。それは、人と人の間を意味する「人間」という言葉にも込められていると言えます。

こうした人間の本質を踏まえれば、他者と「支え合う」関係の基盤となるのが道徳と言えます。また、その「支え合う」ための方法が道徳教育である、ということもできます。

他者と「支え合う」関係を維持するためには、社会の中で基本的に承認されている規範を尊重することが必要です。一般的に道徳的な人とは、社会・集団の慣習や規範に基づいて行動できる人、あるいは社会の道徳的規範を理解し、実践できる人を指すのはこのためです。

したがって、道徳教育においては、マナーやルールを守ること、規範を尊重すること、礼儀、作法を重んじることが重要な要素となります。こうした社会的な規範は、集団生活を基本とする学校教育の場で学ぶことが適切であり、それは学校での道徳教育の重要な役割であると言えます。

道徳は、社会をよくしたいという意志

ただし、一方で道徳は、「個人の内面的な原理」（広辞苑）であるとも定義されます。人間は、社会という共同体の規範や秩序を守ると同時に、人間こそより良い社会をつくりあげる主体である、という意味がここには込められています。人間とは社会につくられ、つくる存在であるということでもあります。

では、より良い社会をつくる基盤となるものは具体的に何でしょうか。たとえば、哲学者の天野貞祐は、社会の「支え合う」力となるのは「公徳心」であるといいました。これは「公の精神」「公共の精神」と言い換えられますが、簡単に言えば、社会を良くしたいという「心がけ」であり、意志ということです。

「公徳心」は、利己心を排除した公正な視点から物事を判断することでもあります。そのため、天野は「公徳心」の前提には、自らの人格を尊重することが重要であるとします。利己心を超えて、自らの人格を尊重することが、結果として、他者の人格を尊重することに繋がるからです。そして、それは家庭や社会、国家そして世界を形成する基盤となるというのが天野の主張でした。

他者と「支え合う」関係であることを前提として、社会をよくしたいという意志の育成とその方法を考え続けることが道徳教育の重要な役割と言えます。

（貝塚茂樹）

ここがポイント

◉道徳教育の役割は、子どもたちが社会で生きる力を育てることである。

◉道徳教育とは、社会をよくしたいという意志を育て、その方法を考え続けることでもある。

Q10「よりよい社会づくり」に、どうつながるの?

(「よりよい社会づくり」の基盤となる道徳教育)

社会づくりの基盤にある「自己の確立」

私たちの社会をよくしたいという意志の育成とその方法を考え続けることが、「よりよい社会づくり」には不可欠です。

社会とは、「支え合う仕組み」であるという司馬遼太郎の言葉を紹介しました。「支え合う」社会の基盤となるのが、社会を良くしたいという意志ということになりますが、司馬はとくに、助け合うという気持ちのもとにあるのは、「いたわり」だと言いました。「他人の痛みを感じること」「やさしさ」とも言い換えることができるこれらは、社会の基盤になければならないと言いました。歴史における「公」のあり方をテーマとした司馬ならではの指摘とも言えます。

ただ、注目したいのはその先です。司馬は、「いたわり」は、本能ではないといいます。だからそれを、訓練して身に付ける必要があるというのです。司馬は、これを難しいことではないとして、次のように言います。「例えば、友達がころぶ。ああ痛かっただろうな、と感じる気持ちを、そのつど自分の中でつくりあげていさえすればよい。この根っこの感情が、自己の中でしっかり根づいていけば、他民族へのいたわりという気持ちもわき出てくる」(『二十一世紀に生きる君たちへ』)。

司馬は、これを「自己の確立」と言いました。——「自己の確立」がなければ、結局人間は、特定のイデオロギーや科学技術に従属するしかない。人間は社会につくられる側面はあるが、社会をつくる主体でなければならない。そのためには、どうしても「自己の確立」が必要である――。司馬のいう「自己の確立」には、こうした意味が込められていると言えます。そして、「自己の確立」は、意図的に訓練しなければ達成されないと指摘したわけです。

「考え、議論する道徳」で「思考停止」を克服する

学校の道徳教育は、「人格の完成」という教育の目的に基づいて、「自己の生き方を考え、主体的な判断の下に行動し、自立した人間として他者と共によりよく生きるための基盤となる道徳性を養う」ことを目標としています。「他者と共によりよく生きる」ことの前提には「自己の確立」があり、それがより良い社会づくりと密接につながっていると言えます。

もちろん、「よりよい社会」をどう定義するかは難しい問題です。「みんなが幸福となる社会」とも言い換えられそうですが、今度は「幸福」の定義が問題となります。ちなみに、司馬は、「よりよい社会」は「多様性」のある社会であると言っています。

司馬は、「多様性」を失い柔軟な思考の欠如した日本の歴史の失敗を昭和戦前期に見ました。ここでの特徴は、物事を広い視野から考えることを放棄した「思考停止」です。思考の「多様性」を排し、「思考停止」した人々の増加が、「全体主義」を生み出すというのは歴史の教訓かもしれません。

「考え、議論する道徳」は、こうした歴史の教訓に謙虚に向き合い、その失敗を克服することを目指す必要があります。

ここがポイント

◉「よりよい社会づくり」のためには、「自己の確立」が必要である。

◉思考の「多様性」を確保し、「よりよい社会」のあり方を考え、議論し続ける道徳教育が必要である。

（貝塚茂樹）

松本美奈のここが聞きたい④

――道徳はアクティブ・ラーニングの核――

松本美奈×ロバート キャンベル

今、大学教育は「質的な転換」を迫られている。「自ら問い、自ら学ぶ」人を育てるよう求められているのだ。現場で教鞭をとる立場からロバート キャンベル氏は実現のカギを握るのは道徳だと指摘する。道徳に大学教育を変える力があるのか。

世界でも珍しい「ハブ」

この対談は、中央教育審議会教育課程企画特別部会の委員、ロバート キャンベル東京大学教授をお迎えします。中央教育審議会教育課程企画特別部会の委員として、二〇二〇年度以降に順次実施される学習指導要領の骨格のとりまとめに当たられました。

――二〇一五年八月に行われた中央教育審議会教育課程企画特別部会の席上、「アクティブ・ラーニングの核になるのが道徳」「だからこそ道徳性の定義を」と発言されていたことがとても印象に残りました。発言の趣旨をお聞かせください。

ロバート キャンベル（以下、キャンベル） 道徳の特別教科化について、海外のメディアはすでに注目しています。道徳を一つの教科として取り出すことは、米国では聞いたことがありません。たとえば道徳の要素の一つである「国を愛する心」を、米国では昔は公民科（civics）、最近は歴史で学びます。ワシントンの業績などを学び、その生涯から学び取る。つまり、教科の中に埋め込んであるのです。道徳だけを取り出し、しかも他教科との「ハブ」、結節点として特別に位置付けるというのは、世界的にも珍しいのではないでしょうか。

もう一つ注目される点は、日本のように中央政府が国の形を造り、まとめている政治システムにおける「道徳」です。政権の思惑に沿うような内容になると懸念する向きもあるでしょう。そうではないということを私たちも見届けたいので、道徳性とは何か明確な定義を求めたのです。

――ご自身は、道徳性についてどのように考えていますか。

キャンベル　道徳という言葉は、そもそも誤解を招きやすいと思います。善人になる、悪を憎み、善だけでできている真人間になるというふうに捉えられがちです。

でも、そもそも人間の営みは陰影に富むもので、正しい、間違っていると言い切れない場面もたくさんあります。集団の規範を守り、行動するということは、社会で生きるためには必要な力ですが、そこに終始すれば「空気が読める人」は「道徳的にいい人」という浅い理解にとどまります。

生きづらさの中でどう生きるか、協調性と自律性のバランスをとりながら、どこまで他者と協調しながら暮らすのか、時には集団のルールを変えたり、そこから離れたり。人間の進退を決める原動力、個としての行動規範や世界観につながる核、それが道徳性ではないか、と考えています。

ロバート キャンベル
東京大学教授。中央教育審議会教育課程企画特別部会専門委員。米ニューヨーク生まれ。専門は近世・近代日本文学。

出処進退を決める原動力

――一人ひとりの出処進退を決める原動力が「道徳性」……。

キャンベル　人間の進退というと大仰に聞こえますが、幼い頃からやっていることです。たとえば中学生が部活で後輩に頼られているけれども、受験を目前に控えていて力をさけない、さあどうする……。人と交わり、考え、行動することが道徳そのものではないかと思います。

これまで、日本の道徳教育は読み物中心で、先達が単にこんなことをやり遂げたということを読むことに力を入れていたと聞いています。今度の道徳はまさにアクティブ・ラーニングです。生徒がフィールドワークをしたり、調べ物をしたりして自ら問題を見つけ、自分で解決方法を考える時間にする。他の教科ではできないけれど、他の教科に波及していく力。それが、道徳の時間で養えるのではないかと思います。

日本の教育は、知識をまんべんなく習得させていますが、個性や自立心、学ぶ楽しさについては改善する余地があります。自分たちで学ぶ目標を設定させ、時には教科と教科の仕切りを超え、批評し合う……そこが日本の公教育に欠けています。その核としての「特別の教科　道徳」、言わば教育の要としての道徳に期待をしています。

――中教審の特別部会では「アクティブ・ラーニングの核」とまで指摘していましたね。

キャンベル　医療倫理や生命の尊厳など、中学生でも議論が可能な、道徳教材になりうる課題はたくさんあります。災害からの復興もそうでしょう。利害の不一致が起こることもあるでしょう。そこで多くの人たちと向き合い、調べ、議論し、考える。これこそが新しい時代に求められる道徳教育ではないでしょうか。

そういう経験を重ねた生徒たちが大学生になったとき、大学に対する期待値が高まるはずです。それが私は一番楽しみです。道徳教育の充実は、大学での学びを深めるためにはとても重要なことです。

――現実の学生を見ていて実感されることはあります

か。

キャンベル　そうですね。一年生を見ていても、知識習得の偏重に終始してきたことがよくわかります。与えられた課題は確実にこなせますが、このことについてどう思うか、と意見を求めると黙ってしまうことも珍しくありません。調べたり自分の意見を発表したりという経験を積んでいないので、集中的に一年の時からアクティブに学ぶ習慣を付ける必要があります。

――道徳は、専門の教員養成をしていないこともあり、研究が進んでいません。教材作りもかなり難航するのではないかと思われます。

キャンベル　私たちの人文学に、教材がふんだんにあります。文学は人を勇気づけたり、感動させたりする一方で、生きづらい世界の中でどうやって生きるか、ということを常に問いかけています。それが文学の普遍的な力で、道徳そのものだと思います。

とくに近代日本の文学はしがらみから個を解放することを描いてきました。太宰治の小説を読むとよくわかりますね。故郷の息苦しさ、そこでの封建的な人間関係からどうやって個を解放するか、一見、背徳の世界を描いているように見えるが、彼は常に命の愛しさについて問い続けていた。

比喩的な表現を使いながらも、生きる感動やつらさをうたった和歌を素材に、人生を考えることもできます。国語とは異なる授業を作れるのではないでしょうか。漢詩も人間の交わりを二八文字の七言絶句に書いています。何百年も前の人たちとの共通点や違和感、社会における個のありよう、人と人との信頼関係など、道徳の教材になるものはいくらでもありますよ。

――大人になるための教育ですね。

キャンベル　東京五輪の「エンブレム」問題もそうでしたが、うねりのような盛り上がりを見せ、しかも短期間に決着を付けなければいけない問題が、今のネットの社会では増えていくでしょう。世界と向き合っていくコアがなければ、個にとっても社会にとっても危ない。トピックが駆け抜けていく時代だからこそ、自分の足場を固めなくてはいけない。一八歳になったらどんな選択をどんな場面で迫られるかということを先取りして、道徳の授業の準備をしてほしいと思います。先生の研修や教材作りなど、われわれ人文学の大学人がどんなサポートをできるかも、考えなくてはいけないと思います。

（初出　読売新聞教育ネットワークウェブサイト「異見交論」）

ひとこと

大学を取材する過程で、学生の精神年齢の「低年齢化」を危惧する言葉をしばしば耳にする。たとえば「マイナス八」、一八歳ならば「一〇歳」の意味だ。もちろん全員がそうではないが、その一八歳が二〇一六年から選挙権を手にする。日本の行く末を決める私たちの代表を、どんな社会観で、人生観で選ぶのか。「道徳」にすべてを担わせるつもりはない。ただ、教育の力で、これまでとは違う一八歳と出会いたいと願っている。（奈）

第５章
道徳の特別教科化を語ります！

――松本美奈×貝塚茂樹×西野真由美×合田哲雄――

ここまで、道徳の特別教科化について、概要を解説してきました。本章では、今回の編者全員がそれぞれの持ち分を越えて、本書で出てきた重要なテーマについて語り合います。

登場人物の心情理解に偏った授業からの脱却は可能なのか、「アクティブ・ラーナー」を育てることは可能なのか、保護者、地域との関わりはどうなるのか、いじめの問題は解決できるのか、そもそもの教員養成課程はどうするのか…。変わる授業のあり方と変わらない大切なもの。道徳の特別教科化に期待されていることのすべてを語り合います！

要としての道徳科

――「道徳」と一口で言っても、その中には道徳観、道徳教育、授業としての道徳科の三つがあります。基になるのが道徳だと思うのですが、西野さんと貝塚さんの考えには違いがあるようです。西野さんは、哲学の中に道徳がある、貝塚さんは、考える基盤になるのが道徳である、という図を書いていただきました。もう一回これを整理していただくところから始めてもよろしいでしょうか。

西野真由美（以下、西野）　貝塚さんの図を私から見ると、考える基盤にあたるのが哲学と言えるかもしれません。その中で、人がよく生きることに関わるのが道徳、と私は捉えています。

貝塚茂樹（以下、貝塚）　私のイメージとしては、道徳は考える基盤であり、さまざまな諸科学や私たちの生活の基盤となるものです。ですから、道徳と、道徳科と、道徳教育は機能の違いはありますが、人間の営みの基盤であるという点は変わらないと思います。つまり、人間存在を考えた場合、一人では生きていけない、自分以外の他者と関係性を持たなければならないわけです。この点が大前提であり、人間である以上は道徳から離れることはできない。その意味でも人間の営みは道徳が基盤であり、他者とどういう関係性を持つのか、自分がどのように生きるのかという問題は、私たちの主体的な学びの基盤です。道徳が基盤となることで私たちの学びも豊かになると言えるのではないでしょうか。道徳は諸科学の一つではなく、道徳の基盤の上に諸科学が構成されると思うのです。

――合田さん、何かご意見はありますか？

合田哲雄（以下、合田）　先哲の教えや学術研究において「道徳」とは何かについてどのような追究がなされているかを我々は真摯に受け止める必要がありますが、他方で、そのことは学校における道徳教育で子どもたちの道徳性をいかに高めるかという教育論とは重なりながらも、別の側面もありますよね。したがって、基本的な枠組みとしては、先程貝塚先生がおっしゃったように、道徳科は学校教育全体で行われる道徳教育の要であり、道徳教育ではぐくまれる道徳性は子どもたちの学びや生活の基盤だと申し上げることができると思います。

――要の道徳科が大切なものだというのについては三人が一致しています。要である道徳科、特別教科化で何が変わったの？　と考えてみると、教員免許は出ない、教員養成課程でも道徳は相変わらず二単位のままで、評価は議論の最中ではあるけれども、いままでの「評価」の概念を覆すような思い切った内容になるのかわからない……。となると、変わるのは「考え、議論する道徳」――指導法一本で勝負しよう、というふうに見えます。素人考えで恐縮ですが、それで本当に、要たる道徳科に力が宿るのか？　疑問が残ります。それについて何か反論していただけないですか？

貝塚　私は個人的には、免許の問題や教員養成制度の議論も大事だと考えています。これは前々から言っています。ただ、そうした制度的な改革の議論は大事だと思っているのですが、指導法の改善が必要ないということではありません。道徳科の指導法についてもかなり積極的な提案やモデルが提示されたことの意義は大きいと思います。「考え、議論する」という「質的転換」は指導法を抜きに考えることはできませんし、指導法がうまく改善し、展開すれば、クラスも変わり道徳の授業も変わるはずです。クラスが変われば、子どもたち同士の関係性や、子どもたちと教師の関係性にも大きな変化と変動が起こると思います。その変化や変動がなければ子どもも教師も学校も変わることはできないと思います。そのためにも道徳の授業の「質的転換」は、教育を変える有効なカードだと思います。何度もいうように、改革に終わりがない以上、制度的な改革を含めた議論はこれからも必要だと思います。もちろん指導法は大事ですから、指導法に手を付けることによって、指導法から色々な変革の可能性が期待できる。とりあえず指導法だけだから問題だ、というようには必ずし

も思いません。

西野　そうですね、私自身はまず、「考え、議論する」というのは、単なる指導法ではないと思っています。「道徳の授業は何をする時間か」という考え方そのものの転換につながるものだからです。学習指導要領上は、話し合うとか討論するというのは指導に関することで、目標と内容は別にありますよね。今回の改訂で、その目標の中に、「多面的・多角的に考える」学習を通して、と示されました。これは、さまざまな学習活動の一つとしての例示ではなく、目標を実現するための本質的なプロセスです。このプロセスなしに目標が実現しないから、目標の中に示されているのです。

　今までは、目標と内容との関わりが見えにくかった。内容を学べばそのまま目標が実現するのか。「道徳」の内容である諸価値の学びが、目標である道徳性の育成にどうつながるのか、それが見えにくかったのです。そのため、今までの授業は、個々の内容項目を教えればいいということになりがちだった。一つひとつの価値を順番に取り上げて、その大切さを理解させる授業になっていたのです。そのような学習を重ねれば道徳性が育成されるのでしょうか。授業で学んだことが、子どもたちの「生きる力」につながるでしょうか。

「考え、議論する道徳」は、道徳的問題や価値について「考え、議論する」学習活動を実現して、自分の生き方や人生で出会うさまざまな問題を多面的・多角的に考え、議論して答えを見出していく力を育てる。それが道徳科が目標とする道徳性、さらには日本の学校教育が目指す「生きる力」へつながる道です。だから、指導法で勝負。「考え、議論する」授業を実現しましょう！　というメッセージが、道徳科を変える一番大きな力になると私は思っています。

合田　松本さんは「指導法一本」とおっしゃいますが、教壇に立っておられる先生方にとって、子どもたちの資質・能力をはぐくむために授業を他の教科等と関連させながらデザインし、実際に緊張感のある授業を行

うことが「指導法」だとすれば、これ以上大事なものはないですよね。免許の問題も重要だと思いますけれども、とくに中学校においては、社会科や理科の先生で「しか」できない道徳科の授業というものがあるのではないでしょうか。学校教育においては、指導法こそが大事。もちろん、それを支えるためのいくつかの重要な基盤があって、一つはやはり教科書ですよね。戦後初めて道徳科の教科書ができるということは相当大きな変革だと思います。同時に、学校や研究団体、教育委員会における道徳科の授業に関する研究と蓄積も重要です。私はこれまでの道徳教育のあり方をすべて否定するつもりはありません。六〇年間にわたって一定の蓄積があったわけで、成熟社会である我が国においてさらに重要になっている道徳教育の質的転換のためにこの蓄積を再構築して学校を支えるか。この観点からは、教育委員会の役割も大きいと思います。また、保護者の役割だって大きいですよね。このような道徳科を支える基盤は本当に大事だと思いますが、教壇に立つ先生が一人の大人として道徳的課題について子どもたちと真正面から向き合おうと本気で思わない限り、道徳教育の質的転換には結びつかない。したがって、「指導法一本」と批判されるかも知れませんが、指導法の重要性は改めて強調したいと思います。

——なるほど。指導法こそが大事とおっしゃいながら、同時に教員の心構えともおっしゃっていますね。

合田　「指導法」とは授業のハウツーや「型」の問題ではありません。子どもたちの資質・能力をはぐくむために、授業を他の教科等と関連させながらデザインし実際に緊張感のある授業を行うことです。したがって、先生が得心して、腑に落ちた形で指導することが重要ですよね。「考え、議論する道徳」も同様で、道徳科の授業において対話や議論を形式的に導入して型を整えても無意味です。貝塚先生、西野先生がおっしゃっておられるように、子どもたちが道徳的諸価値について多角的、多面的に考察したり、ほかならぬ自分自身の問題として考えたりするために、教師として、真剣に教材を検討し、言わば子どもたちに挑む。授業中も子どもたちの発言やつぶやきを逃さず、指導案どおりではない予期せぬ展開に知的な瞬発力を持って対応しながら、緊張感ある授業を展開する。

今回の学習指導要領改訂においては、すべての教科等を「知識・技能」、「思考力・判断力・表現力等」、「学びに向かう力、人間性」という三つの資質・能力で構造化していますが、最後の「学びに向かう力、人間性」は、「どのように社会、世界と向き合い、よりよい人生を送るか」ということであり、このことは、道徳教育に深くかかわっていますよね。道徳科は、学習指導要領の全面改訂という文脈においてますます大きな役割を担うようになっています。このような構造を理解いただくことが何よりも重要ではないかと思います。

――免許がないからダメだと言いたいのではなく、私が免許に託したいのは、まさに、「考え、議論する道徳」ができる先生としての資格なんですよ。

合田　それは道徳科の指導に限られず、教員養成課程においてアクティブ・ラーナーをいかに育てるかという問題と捉えるべきだと思っています。成熟社会においては、先生方は教科書の内容を伝達する「知の伝達者」にとどまるのではなく、自らがアクティブ・ラーナーとなって、授業を演出家、脚本家、俳優として、いかにマネッジするかという非常にクリエイティブな役割を担っているということを前提に教員養成課程は抜本的に進化することが大事で、免許制度以上に喫緊の課題ではないでしょうか。

なぜ改革が必要か

――今までの授業はダメじゃなかった、全否定しないとおっしゃっていましたね。ダメじゃなかったのなら、なぜわざわざ変える必要があるんですか？

西野　私は今までの授業の問題点や課題に目がいきます。「考え、議論する道徳」を実現するという視点でみたとき、「考え、議論する」学びが今までできていたのか？　ということです。

——今までどういう授業をしていたのですか？

西野　教科書会社や自治体から、教材としてさまざまな副読本が刊行されています。副読本のほとんどは、物語や伝記などの読み物資料で構成されています。これらの読み物資料を読んで、登場人物の心情を考える授業が広く行われていますね。

——国語の授業とあまり違わないような……。

西野　そうですね。大学生からは、「国語とどう違うのかわからなかった」という声も聞きます。道徳の指導法の研究では、国語とは違う、読み取りになってはいけない、とよく指摘されます。でも、国語では、登場人物の心情を掘り下げた文学作品で深く考える授業もあるのですから、国語と違って読み取りじゃない、というだけでは違いが伝わらないんじゃないでしょうか。「国語みたいな、国語より簡単な授業だった」と振り返る大学生もいます。「簡単な」というのは、深く考えなくても答えがわかる、という意味でしょう。先生たちは資料を通して登場人物の心情を深く考えさせたい、悩みや葛藤を自分事として共感させたい、と努力していらっしゃいます。その思いが子どもたちにどれほど伝わっているでしょうか。

　確かに、小学校低学年の授業を見ていると、子どもたちは道徳を楽しんで学んでいるのがわかります。お話の世界に入って気持ちを語り合ったり、登場人物になりきってロールプレイしたり、見ていても楽しくなります。でも、色々な調査を見ても、学年が上がると子どもたちの受け止めが悪くなっていきます。「簡単」とか、「答えがわかる」と子どもたちが感じているなら、考えることも話し合うことも授業ではなかなかできていないのではないでしょうか。そこを変えていきたいのです。

いじめを解決する力

——時間なのでこれで最後にしますね。合田さんが先程おっしゃられたように、要するに指導法こそが大事、そのためには教員養成自体が変わらなければ、「考え、議論する道徳」ができる教員が出てこないということですよね。そもそもこの道徳の特別教科化というのは

いじめの問題からスタートしました。では、いじめは解決するんでしょうか？　これは西野さんとの対談でも伺いましたが、大切なことなので改めてお聞かせください。

西野　私はいじめを本当に解決するのは子どもたち自身だと思っています。道徳科は子どもたちがいじめを解決する力を育てるものです。

——予防ではなくて解決？

西野　もちろん、予防する力でもあります。いじめの未然防止の取組とは、子どもたちに予防する力を付けることです。それは、子どもたち自身が、これはこのままじゃいじめになっていくんじゃないかな、と感じていじめの芽を発見する力であって、生活の中にある問題の芽をみつけ、それを自分達で解決していく力です。この力は大人になっても必要です。人間って一生涯、自分達の問題を自分達で解決していく、その力をもって生きていくわけですよね。道徳科はその力を育てるのであって、道徳科がいじめを全部解決します、安心してくださいそういうことではないと思います。

何よりもまず、今まで道徳の授業がいじめに対して正面から向き合ってこなかったことを反省しなければならない。子どもたちにいじめを解決する力を育てるために、どう取り組んでいけばいいかを考えなければならないのです。だから、解決するではなく、いじめに立ち向かうがふさわしいと思っています。

貝塚　先程、道徳は他者との関係性の問題であるといいました。その点でいえば、いじめは、他者との関係性が深刻に崩れている状況だと言えます。もちろんこれは、クラスや学校といった子どもの世界だけでなく、社会全体がそうなっているようにも思います。こうした他者との関係性をどのように考えるのか、自分だったらどうするのかをじっくり考えるのが道徳科の大きな役割になると思います。そのためには、西野先生が言われたように、登場人物の心情を追っていくだけの授業では十分ではないと思います。もちろん、心情はものすごく大事ですが、それを自分の問題として考える過程がどうしても必要なわけです。自分の問題として道徳的価値を自覚することが道徳では非常に重要です。内省と言い換えてもいいかもしれません。私は、理解と自覚は全然違うと思っています。いじめは悪いことであるとは誰もが頭では理解している。しかし、いじめが一向に減らないのは、いじめが悪いということを自覚していないからです。理解しているのに、それを自分の問題として内在化されていない。自覚していない。こうした道徳的価値の自覚を促すことが道徳科の大きな役割だと思います。言わば、理解と自覚の間をつなぐ、架橋するのが「考え、議論する」ことだと思います。いじめは、すでに大きな社会問題です。したがって、週一時間の道徳科の授業だけで解決できるわけではありません。しかし、いじめのない、他者とよりよくつながる社会を築く方途を考えることは道徳教育の重要な課題です。その核になる、その要とならなければいけないのが道徳科だと思います。道徳科をやればいじめがなくなるのか、と聞かれることがあります。そんな単純な問題ではなく、道徳科の中で、いじめがなくなるような人間をどうように育てるのか、よりよい社会をどのように築くのか。そういう本質的で積極的な議論を真剣にしなければいけないと思います。そのためにもいじめに目を叛けずに、間接的にではなく直接的な対象として考え、議論する必要があると思います。それができるのは道徳科の大きな特質ですし、道徳科にしかできないことだと思います。折角の道徳科の授業をもっと有効に大切にする必要があると思いますね。

——数学や英語に代替してはいけない、と。

貝塚　代替してはだめです（笑）。

自分ならどうするか

——合田さん、大きく頷いていらっしゃいましたね（笑）。どうぞ。

合田　前のご質問に戻るような形で申し訳ないのですが、私がこれまでの道徳教育をすべて否定するものではないと申し上げたのは、課題がないという意味ではありません。貝塚先生のご専門ですが、昭和三三年に「道徳の時間」を設けた際には学校内外で厳しい状況がありました。そんな中、道徳教育を充実しようと取り組まれた先達の思いを私どももしっかり受け止める必要があると思っております。今現在、道徳教育や道徳の時間の指導にさまざまな課題があることは事実ですし、だからこそ今回特別教科化をした訳ですが、道徳教育の質的転換のためには、今道徳教育を頑張っている先生方が納得して成熟社会に相応しい新しい道徳教育にしっかり取り組んでいただくこと何よりも重要ではないでしょうか。

その意味で、私が昨年二月に記者会見で、「「読み物道徳」から「考え、議論する道徳」へ」と申し上げたのは若干不正確で、正しくは、西野先生が正確におっしゃったように、「「読み物資料の心情理解に偏った道徳」から「考え、議論する道徳」へ」だと思います。

それから、「いじめ問題」と道徳教育については、貝塚先生、西野先生がおっしゃったとおりですから、私が付け加えることはないのですけれども、大事なのは、貝塚先生からご指摘があったように、道徳的諸価値の「理解」じゃなくて「自覚」ですよね。だからこそ道徳科に関する学習指導要領解説では、道徳科における問題解決的な学習において重視してもらいたいのは、道徳的価値をめぐって葛藤や衝突が生じる状況に陥ったら「自分ならどうするか」という問いであることを明確にしています。

インタビューでも申し上げましたが、「善悪の判断、自律、自由と責任」、といった道徳科の内容項目を抽象的に、自分事ではないところで理解することは難しくないかも知れません。しかし、自分自身の問題として、「寛大な心をもって他人の過ちを許すことができるのは、自分も過ちを犯すことがあるから」と「法やきまりを守ることは、その自分勝手な反発等に対してそれらを許さないという意思をもつことと表裏」との関係をどう考えるべきでしょうか。「互いを認め合い、理解し合い、協力し、助け合い、信頼感や友情を育んでいく」と「不正な行為は絶対に行わない、許さないという断固たる態度を育て、同調圧力に流されないで、必要に応じ学校や関係機関に助けを求めることに躊躇しない」とはどうでしょうか。

「自分ならどうするか」という観点から考えること

で、より深く道徳的価値と向き合うことができるはずです。さらに、教室の中で自他と対話することは、多面的・多角的に道徳的価値を考えることにつながります。このような自覚を促す学びは道徳科でしかできませんよね。

いじめや不登校はどの学校でも、どの子どもにも起こり得ます。大事なのは、起こってしまった時、学校や教師、大人がどうするかですが、同時に、道徳科において、道徳的諸価値について子どもたちが自分事としてしっかりと受け止めるための指導を行うことも本当に重要です。

――なるほど。要するにいじめにしても、学級崩壊にしても、さまざまな問題を自分のこととする、自分の問題とするという子どもを育て、道徳科どれだけ力があり、期待されているかを教師自身が理解する、これも「教師自身が自分の問題とする」ですね。さらに、親も、親以外の子どもを持たない多くのおとな社会全体が道徳科を自分の問題として考え、向き合うことから新しい時代が始まる、そんなふうに期待していいでしょうか？

合田　おっしゃるとおりですね。保護者の皆様には、是非、新しくできる道徳の教科書をお子さんと一緒にご覧になっていただきたいと思います。あなたならどうする？　という問いが随分出てくると思いますから、保護者として自分はこう思うとお子さんと話し合ってもらいたいと思っています。

それから、それぞれの学校でいろいろ工夫なさると思いますが、地域の方々にもこれまで以上に道徳教育にかかわっていただきたいと思っております。道徳の特別教科化は、教師や保護者、地域の大人が、子どもたちと共に、道徳的課題に逃げずに正面から向かい合うことが一つの肝だと思います。道徳とは何かについては、いろいろ意見や議論があるかも知れませんが、「どのように社会、世界と向き合い、よりよい人生を送るか」という共通の土俵を形成する大変重要な機会だと思っています。読売新聞をはじめとしたメディアの方々のご尽力にも心から感謝し、かつ、ご期待申し上げている次第です。

――ありがとうございました。

ひとこと

「道徳」は、無自覚に口にできない言葉だと感じている。時に「体制寄り」とされ、警戒されかねないからだ。取材でも、親同士の会話でも、「道徳」という単語を出すと、相手がはっと顔色を変える瞬間をたびたび目にする。自分自身が受けてきた道徳教育への不信感が顔を出すのかもしれない。逆にいえば、そういう人々にとっても「道徳」は重要なものだと認識されているのだろう。

だが、だからこそ慎重に、とはもう言うまい。「特別の教科　道徳」を足がかりに、世界を覆うきな臭い空気や地球環境など人類の火急の課題を「自分のこと」として捉え、そこでどう生きるかを真剣に考える若い仲間を育てたい。期待しすぎだろうか。（奈）

資 料 編

- 教育基本法（抄）
- 小学校学習指導要領（抄）
- 中学校学習指導要領（抄）
- 表　小中学校の内容項目一覧（抄）
- 道徳に係る教育課程の改善等について（答申）（抄）
- 教育課程企画特別部会　論点整理（抄）

教育基本法（抄）

（平成18年12月22日　法律第120号）

教育基本法（昭和22年法律第25号）の全部を改正する。

我々日本国民は、たゆまぬ努力によって築いてきた民主的で文化的な国家を更に発展させるとともに、世界の平和と人類の福祉の向上に貢献することを願うものである。

我々は、この理想を実現するため、個人の尊厳を重んじ、真理と正義を希求し、公共の精神を尊び、豊かな人間性と創造性を備えた人間の育成を期するとともに、伝統を継承し、新しい文化の創造を目指す教育を推進する。

ここに、我々は、日本国憲法の精神にのっとり、我が国の未来を切り拓く教育の基本を確立し、その振興を図るため、この法律を制定する。

第一章　教育の目的及び理念

（教育の目的）

第一条　教育は、人格の完成を目指し、平和で民主的な国家及び社会の形成者として必要な資質を備えた心身ともに健康な国民の育成を期して行われなければならない。

（教育の目標）

第二条　教育は、その目的を実現するため、学問の自由を尊重しつつ、次に掲げる目標を達成するよう行われるものとする。

一　幅広い知識と教養を身に付け、真理を求める態度を養い、豊かな情操と道徳心を培うとともに、健やかな身体を養うこと。

二　個人の価値を尊重して、その能力を伸ばし、創造性を培い、自主及び自律の精神を養うとともに、職業及び生活との関連を重視し、勤労を重んずる態度を養うこと。

三　正義と責任、男女の平等、自他の敬愛と協力を重んずるとともに、公共の精神に基づき、主体的に社会の形成に参画し、その発展に寄与する態度を養うこと。

四　生命を尊び、自然を大切にし、環境の保全に寄与する態度を養うこと。

五　伝統と文化を尊重し、それらをはぐくんできた我が国と郷土を愛するとともに、他国を尊重し、国際社会の平和と発展に寄与する態度を養うこと。

（生涯学習の理念）

第三条　国民一人一人が、自己の人格を磨き、豊かな人生を送ることができるよう、その生涯にわたって、あらゆる機会に、あらゆる場所において学習することができ、その成果を適切に生かすことのできる社会の実現が図られなければならない。

（教育の機会均等）

第四条　すべて国民は、ひとしく、その能力に応じた教育を受ける機会を与えられなければならず、人種、信条、性別、社会的身分、経済的地位又は門地によって、教育上差別されない。
2　国及び地方公共団体は、障害のある者が、その障害の状態に応じ、十分な教育を受けられるよう、教育上必要な支援を講じなければならない。
3　国及び地方公共団体は、能力があるにもかかわらず、経済的理由によって修学が困難な者に対して、奨学の措置を講じなければならない。

第二章　教育の実施に関する基本

（義務教育）
第五条　国民は、その保護する子に、別に法律で定めるところにより、普通教育を受けさせる義務を負う。
2　義務教育として行われる普通教育は、各個人の有する能力を伸ばしつつ社会において自立的に生きる基礎を培い、また、国家及び社会の形成者として必要とされる基本的な資質を養うことを目的として行われるものとする。
3　国及び地方公共団体は、義務教育の機会を保障し、その水準を確保するため、適切な役割分担及び相互の協力の下、その実施に責任を負う。
4　国又は地方公共団体の設置する学校における義務教育については、授業料を徴収しない。
（学校教育）
第六条　法律に定める学校は、公の性質を有するものであって、国、地方公共団体及び法律に定める法人のみが、これを設置することができる。
2　前項の学校においては、教育の目標が達成されるよう、教育を受ける者の心身の発達に応じて、体系的な教育が組織的に行われなければならない。この場合において、教育を受ける者が、学校生活を営む上で必要な規律を重んずるとともに、自ら進んで学習に取り組む意欲を高めることを重視して行われなければならない。
（大学）
第七条　大学は、学術の中心として、高い教養と専門的能力を培うとともに、深く真理を探究して新たな知見を創造し、これらの成果を広く社会に提供することにより、社会の発展に寄与するものとする。
2　大学については、自主性、自律性その他の大学における教育及び研究の特性が尊重されなければならない。
（私立学校）
第八条　私立学校の有する公の性質及び学校教育において果たす重要な役割にかんがみ、国及び地方公共団体は、その自主性を尊重しつつ、助成その他の適当な方法によって私立学校教育の振興に努めなければならない。
（教員）
第九条　法律に定める学校の教員は、自己の崇高な使命を深く自覚し、絶えず研究と修養に励み、その職責の遂行に努めなければならない。
2　前項の教員については、その使命と職責の重要性にかんがみ、その身分は尊重され、待遇の適正が期せられるとともに、養成と研修の充実が図られなければならない。

（家庭教育）

第十条　父母その他の保護者は、子の教育について第一義的責任を有するものであって、生活のために必要な習慣を身に付けさせるとともに、自立心を育成し、心身の調和のとれた発達を図るよう努めるものとする。

2　国及び地方公共団体は、家庭教育の自主性を尊重しつつ、保護者に対する学習の機会及び情報の提供その他の家庭教育を支援するために必要な施策を講ずるよう努めなければならない。

（幼児期の教育）

第十一条　幼児期の教育は、生涯にわたる人格形成の基礎を培う重要なものであることにかんがみ、国及び地方公共団体は、幼児の健やかな成長に資する良好な環境の整備その他適当な方法によって、その振興に努めなければならない。

（社会教育）

第十二条　個人の要望や社会の要請にこたえ、社会において行われる教育は、国及び地方公共団体によって奨励されなければならない。

2　国及び地方公共団体は、図書館、博物館、公民館その他の社会教育施設の設置、学校の施設の利用、学習の機会及び情報の提供その他の適当な方法によって社会教育の振興に努めなければならない。

（学校、家庭及び地域住民等の相互の連携協力）

第十三条　学校、家庭及び地域住民その他の関係者は、教育におけるそれぞれの役割と責任を自覚するとともに、相互の連携及び協力に努めるものとする。

（政治教育）

第十四条　良識ある公民として必要な政治的教養は、教育上尊重されなければならない。

2　法律に定める学校は、特定の政党を支持し、又はこれに反対するための政治教育その他政治的活動をしてはならない。

（宗教教育）

第十五条　宗教に関する寛容の態度、宗教に関する一般的な教養及び宗教の社会生活における地位は、教育上尊重されなければならない。

2　国及び地方公共団体が設置する学校は、特定の宗教のための宗教教育その他宗教的活動をしてはならない。

第三章　教育行政（略）

第四章　法令の制定（略）

附　則　抄（略）

小学校学習指導要領（抄）

（平成20年3月告示　平成27年3月一部改正）

第1章　総則（抄）

第1　教育課程編成の一般方針

1　（略）

2　学校における道徳教育は、特別の教科である道徳（以下「道徳科」という。）を要として学校の教育活動全体を通じて行うものであり、道徳科はもとより、各教科、外国語活動、総合的な学習の時間及び特別活動のそれぞれの特質に応じて、児童の発達の段階を考慮して、適切な指導を行わなければならない。道徳教育は、教育基本法及び学校教育法に定められた教育の根本精神に基づき、自己の生き方を考え、主体的な判断の下に行動し、自立した人間として他者と共によりよく生きるための基盤となる道徳性を養うことを目標とする。

道徳教育を進めるに当たっては、人間尊重の精神と生命に対する畏敬の念を家庭、学校、その他社会における具体的な生活の中に生かし、豊かな心をもち、伝統と文化を尊重し、それらを育んできた我が国と郷土を愛し、個性豊かな文化の創造を図るとともに、平和で民主的な国家及び社会の形成者として、公共の精神を尊び、社会及び国家の発展に努め、他国を尊重し、国際社会の平和と発展や環境の保全に貢献し未来を拓《ひら》く主体性のある日本人の育成に資することとなるよう特に留意しなければならない。

第2　内容等の取扱いに関する共通的事項（略）

第3　授業時数等の取扱い（略）

第4　指導計画の作成等に当たって配慮すべき事項

（略）

3　道徳教育を進めるに当たっては、次の事項に配慮するものとする。

（1）　各学校においては、第1の2に示す道徳教育の目標を踏まえ、道徳教育の全体計画を作成し、校長の方針の下に、道徳教育の推進を主に担当する教師（以下「道徳教育推進教師」という。）を中心に、全教師が協力して道徳教育を展開すること。なお、道徳教育の全体計画の作成に当たっては、児童、学校及び地域の実態を考慮して、学校の道徳教育の重点目標を設定するとともに、道徳科の指導方針、第3章特別の教科道徳の第2に示す内容との関連を踏まえた各教科、外国語活動、総合的な学習の時間及び特別活動における指導の内容及び時期並びに家庭や地域社会との連携の方法を示すこと。

（2）　各学校においては、児童の発達の段階や特性等を踏まえ、指導内容の重点化を図ること。その際、各学年を通じて、自立心や自律性、生命を尊重する心や他者を思いやる心を育てることに留意すること。また、各学年段階においては、次の事項に留意すること。

ア　第1学年及び第2学年においては，挨拶などの基本的な生活習慣を身に付けること，善悪を判断し，してはならないことをしないこと，社会生活上のきまりを守ること。

イ　第3学年及び第4学年においては，善悪を判断し，正しいと判断したことを行うこと，身近な人々と協力し助け合うこと，集団や社会のきまりを守ること。

ウ　第5学年及び第6学年においては，相手の考え方や立場を理解して支え合うこと，法やきまりの意義を理解して進んで守ること，集団生活の充実に努めること，伝統と文化を尊重し，それらを育んできた我が国と郷土を愛するとともに，他国を尊重すること。

(3)　学校や学級内の人間関係や環境を整えるとともに，集団宿泊活動やボランティア活動，自然体験活動，地域の行事への参加などの豊かな体験を充実すること。また，道徳教育の指導内容が，児童の日常生活に生かされるようにすること。その際，いじめの防止や安全の確保等にも資することとなるよう留意すること。

(4)　学校の道徳教育の全体計画や道徳教育に関する諸活動などの情報を積極的に公表したり，道徳教育の充実のために家庭や地域の人々の積極的な参加や協力を得たりするなど，家庭や地域社会との共通理解を深め，相互の連携を図ること。

第2章　各教科（略）

第3章　特別の教科　道徳（抄）

第1　目　標

第1章総則の第1の2に示す道徳教育の目標に基づき，よりよく生きるための基盤となる道徳性を養うため，道徳的諸価値についての理解を基に，自己を見つめ，物事を多面的・多角的に考え，自己の生き方についての考えを深める学習を通して，道徳的な判断力，心情，実践意欲と態度を育てる。

第2　内容（略）

第3　指導計画の作成と内容の取扱い

1　各学校においては，道徳教育の全体計画に基づき，各教科，外国語活動，総合的な学習の時間及び特別活動との関連を考慮しながら，道徳科の年間指導計画を作成するものとする。なお，作成に当たっては，第2に示す各学年段階の内容項目について，相当する各学年において全て取り上げることとする。その際，児童や学校の実態に応じ，2学年間を見通した重点的な指導や内容項目間の関連を密にした指導，一つの内容項目を複数の時間で扱う指導を取り入れるなどの工夫を行うものとする。

2　第2の内容の指導に当たっては、次の事項に配慮するものとする。
(1)　校長や教頭などの参加、他の教師との協力的な指導などについて工夫し、道徳教育推進教師を中心とした指導体制を充実すること。
(2)　道徳科が学校の教育活動全体を通じて行う道徳教育の要としての役割を果たすことができるよう、計画的・発展的な指導を行うこと。特に、各教科、外国語活動、総合的な学習の時間及び特別活動における道徳教育としては取り扱う機会が十分でない内容項目に関わる指導を補うことや、児童や学校の実態等を踏まえて指導をより一層深めること、内容項目の相互の関連を捉え直したり発展させたりすることに留意すること。
(3)　児童が自ら道徳性を養う中で、自らを振り返って成長を実感したり、これからの課題や目標を見付けたりすることができるよう工夫すること。その際、道徳性を養うことの意義について、児童自らが考え、理解し、主体的に学習に取り組むことができるようにすること。
(4)　児童が多様な感じ方や考え方に接する中で、考えを深め、判断し、表現する力などを育むことができるよう、自分の考えを基に話し合ったり書いたりするなどの言語活動を充実すること。
(5)　児童の発達の段階や特性等を考慮し、指導のねらいに即して、問題解決的な学習、道徳的行為に関する体験的な学習等を適切に取り入れるなど、指導方法を工夫すること。その際、それらの活動を通じて学んだ内容の意義などについて考えることができるようにすること。また、特別活動等における多様な実践活動や体験活動も道徳科の授業に生かすようにすること。
(6)　児童の発達の段階や特性等を考慮し、第2に示す内容との関連を踏まえつつ、情報モラルに関する指導を充実すること。また、児童の発達の段階や特性等を考慮し、例えば、社会の持続可能な発展などの現代的な課題の取扱いにも留意し、身近な社会的課題を自分との関係において考え、それらの解決に寄与しようとする意欲や態度を育てるよう努めること。なお、多様な見方や考え方のできる事柄について、特定の見方や考え方に偏った指導を行うことのないようにすること。
(7)　道徳科の授業を公開したり、授業の実施や地域教材の開発や活用などに家庭や地域の人々、各分野の専門家等の積極的な参加や協力を得たりするなど、家庭や地域社会との共通理解を深め、相互の連携を図ること。

3　教材については、次の事項に留意するものとする。
(1)　児童の発達の段階や特性、地域の実情等を考慮し、多様な教材の活用に努めること。特に、生命の尊厳、自然、伝統と文化、先人の伝記、スポーツ、情報化への対応等の現代的な課題などを題材とし、児童が問題意識をもって多面的・多角的に考えたり、感動を覚えたりするような充実した教材の開発や活用を行うこと。

(2) 教材については、教育基本法や学校教育法その他の法令に従い、次の観点に照らし適切と判断されるものであること。

ア 児童の発達の段階に即し、ねらいを達成するのにふさわしいものであること。

イ 人間尊重の精神にかなうものであって、悩みや葛藤等の心の揺れ、人間関係の理解等の課題も含め、児童が深く考えることができ、人間としてよりよく生きる喜びや勇気を与えられるものであること。

ウ 多様な見方や考え方のできる事柄を取り扱う場合には、特定の見方や考え方に偏った取扱いがなされていないものであること。

4 児童の学習状況や道徳性に係る成長の様子を継続的に把握し、指導に生かすよう努める必要がある。ただし、数値などによる評価は行わないものとする。

第4章 外国語活動（略）

第5章 総合的な学習の時間（略）

第6章 特別活動（略）

中学校学習指導要領（抄）

（平成20年3月告示　平成27年3月一部改正）

第1章　総則

第1　教育課程編成の一般方針

1　（略）

2　学校における道徳教育は、特別の教科である道徳（以下「道徳科」という。）を要として学校の教育活動全体を通じて行うものであり、道徳科はもとより、各教科、総合的な学習の時間及び特別活動のそれぞれの特質に応じて、生徒の発達の段階を考慮して、適切な指導を行わなければならない。

　道徳教育は、教育基本法及び学校教育法に定められた教育の根本精神に基づき、人間としての生き方を考え、主体的な判断の下に行動し、自立した人間として他者と共によりよく生きるための基盤となる道徳性を養うことを目標とする。

　道徳教育を進めるに当たっては、人間尊重の精神と生命に対する畏敬の念を家庭、学校、その他社会における具体的な生活の中に生かし、豊かな心をもち、伝統と文化を尊重し、それらを育んできた我が国と郷土を愛し、個性豊かな文化の創造を図るとともに、平和で民主的な国家及び社会の形成者として、公共の精神を尊び、社会及び国家の発展に努め、他国を尊重し、国際社会の平和と発展や環境の保全に貢献し未来を拓《ひら》く主体性のある日本人の育成に資することとなるよう特に留意しなければならない。

3　（略）

第2　内容等の取扱いに関する共通的事項（略）

第3　授業時数等の取扱い（略）

第4　指導計画の作成等に当たって配慮すべき事項

（略）

3　道徳教育を進めるに当たっては、次の事項に配慮するものとする。

（1）　各学校においては、第1の2に示す道徳教育の目標を踏まえ、道徳教育の全体計画を作成し、校長の方針の下に、道徳教育の推進を主に担当する教師（以下「道徳教育推進教師」という。）を中心に、全教師が協力して道徳教育を展開すること。なお、道徳教育の全体計画の作成に当たっては、生徒、学校及び地域の実態を考慮して、学校の道徳教育の重点目標を設定するとともに、道徳科の指導方針、第3章特別の教科道徳の第2に示す内容との関連を踏まえた各教科、総合的な学習の時間及び特別活動における指導の内容及び時期並びに家庭や地域社会との連携の方法を示すこと。

（2）　各学校においては、生徒の発達の段階や特性等を踏まえ、指導内容の重点化を図ること。その際、小学校における道徳教育の指導内容を更に発展させ、自立心や自律性を高め、規律ある生活をすること、生命を尊重する心や自らの弱さを克服して気高く生きようとする心を育てること、法やきまりの意義に関する理解を深めること、自らの将来の生き方を考え主体的に社会の形成に参画する意欲と態度を養うこと、伝統と文化を尊重し、それらを育んできた我が国と郷土を愛するとともに、他国を尊重すること、国際社会に生きる日本人としての自覚を身に付けることに留意すること。

（3）学校や学級内の人間関係や環境を整えるとともに、職場体験活動やボランティア活動、自然体験活動、地域の行事への参加などの豊かな体験を充実すること。また、道徳教育の指導内容が、生徒の日常生活に生かされるようにすること。その際、いじめの防止や安全の確保等にも資することとなるよう留意すること。

（4）学校の道徳教育の全体計画や道徳教育に関する諸活動などの情報を積極的に公表したり、道徳教育の充実のために家庭や地域の人々の積極的な参加や協力を得たりするなど、家庭や地域社会との共通理解を深め、相互の連携を図ること。

第2章　各教科（略）

第3章　特別の教科　道徳

第1　目標

第1章総則の第1の2に示す道徳教育の目標に基づき、よりよく生きるための基盤となる道徳性を養うため、道徳的諸価値についての理解を基に、自己を見つめ、物事を広い視野から多面的・多角的に考え、人間としての生き方についての考えを深める学習を通して、道徳的な判断力、心情、実践意欲と態度を育てる。

第2　内容（略）

第3　指導計画の作成と内容の取扱い

1　各学校においては、道徳教育の全体計画に基づき、各教科、総合的な学習の時間及び特別活動との関連を考慮しながら、道徳科の年間指導計画を作成するものとする。なお、作成に当たっては、第2に示す内容項目について、各学年において全て取り上げることとする。その際、生徒や学校の実態に応じ、3学年間を見通した重点的な指導や内容項目間の関連を密にした指導、一つの内容項目を複数の時間で扱う指導を取り入れるなどの工夫を行うものとする。

2　第2の内容の指導に当たっては、次の事項に配慮するものとする。

（1）学級担任の教師が行うことを原則とするが、校長や教頭などの参加、他の教師との協力的な指導などについて工夫し、道徳教育推進教師を中心とした指導体制を充実すること。

（2）道徳科が学校の教育活動全体を通じて行う道徳教育の要としての役割を果たすことができるよう、計画的・発展的な指導を行うこと。特に、各教科、総合的な学習の時間及び特別活動における道徳教育としては取り扱う機会が十分でない内容項目に関わる指導を補うことや、生徒や学校の実態等を踏まえて指導をより一層深めること、内容項目の相互の関連を捉え直したり発展させたりすることに留意すること。

(3) 生徒が自ら道徳性を養う中で、自らを振り返って成長を実感したり、これからの課題や目標を見付けたりすることができるよう工夫すること。その際、道徳性を養うことの意義について、生徒自らが考え、理解し、主体的に学習に取り組むことができるようにすること。また、発達の段階を考慮し、人間としての弱さを認めながら、それを乗り越えてよりよく生きようとすることのよさについて、教師が生徒と共に考える姿勢を大切にすること。

(4) 生徒が多様な感じ方や考え方に接する中で、考えを深め、判断し、表現する力などを育むことができるよう、自分の考えを基に討論したり書いたりするなどの言語活動を充実すること。その際、様々な価値観について多面的・多角的な視点から振り返って考える機会を設けるとともに、生徒が多様な見方や考え方に接しながら、更に新しい見方や考え方を生み出していくことができるよう留意すること。

(5) 生徒の発達の段階や特性等を考慮し、指導のねらいに即して、問題解決的な学習、道徳的行為に関する体験的な学習等を適切に取り入れるなど、指導方法を工夫すること。その際、それらの活動を通じて学んだ内容の意義などについて考えることができるようにすること。また、特別活動等における多様な実践活動や体験活動も道徳科の授業に生かすようにすること。

(6) 生徒の発達の段階や特性等を考慮し、第2に示す内容との関連を踏まえつつ、情報モラルに関する指導を充実すること。また、例えば、科学技術の発展と生命倫理との関係や社会の持続可能な発展などの現代的な課題の取扱いにも留意し、身近な社会的課題を自分との関係において考え、その解決に向けて取り組もうとする意欲や態度を育てるよう努めること。なお、多様な見方や考え方のできる事柄について、特定の見方や考え方に偏った指導を行うことのないようにすること。

(7) 道徳科の授業を公開したり、授業の実施や地域教材の開発や活用などに家庭や地域の人々、各分野の専門家等の積極的な参加や協力を得たりするなど、家庭や地域社会との共通理解を深め、相互の連携を図ること。

3 教材については、次の事項に留意するものとする。

(1) 生徒の発達の段階や特性、地域の実情等を考慮し、多様な教材の活用に努めること。特に、生命の尊厳、社会参画、自然、伝統と文化、先人の伝記、スポーツ、情報化への対応等の現代的な課題などを題材とし、生徒が問題意識をもって多面的・多角的に考えたり、感動を覚えたりするような充実した教材の開発や活用を行うこと。

(2) 教材については、教育基本法や学校教育法その他の法令に従い、次の観点に照らし適切と判断されるものであること。

ア　生徒の発達の段階に即し、ねらいを達成するのにふさわしいものであること。

イ　人間尊重の精神にかなうものであって、悩みや葛藤等の心の揺れ、人間関係の理解等の課題も含め、生徒が深く考えることができ、人間としてよりよく生きる喜びや勇気を与えられるものであること。

ウ　多様な見方や考え方のできる事柄を取り扱う場合には、特定の見方や考え方に偏った取扱いがなされていないものであること。

4　生徒の学習状況や道徳性に係る成長の様子を継続的に把握し、指導に生かすよう努める必要がある。ただし、数値などによる評価は行わないものとする。

第4章　総合的な学習の時間（略）

第5章　特別活動（略）

内容項目一覧

小学校第５学年及び第６学年（22）	中学校（22）	
A　主として自分自身に関すること		
（１）自由を大切にし、自律的に判断し、責任のある行動をすること。 （２）誠実に、明るい心で生活すること。	（１）自律の精神を重んじ、自主的に考え、判断し、誠実に実行してその結果に責任をもつこと。	自主、自律、自由と責任
（３）安全に気を付けることや、生活習慣の大切さについて理解し、自分の生活を見直し、節度を守り節制に心掛けること。	（２）望ましい生活習慣を身に付け、心身の健康の増進を図り、節度を守り節制に心掛け、安全で調和のある生活をすること。	節度、節制
（４）自分の特徴を知って、短所を改め長所を伸ばすこと。	（３）自己を見つめ、自己の向上を図るとともに、個性を伸ばして充実した生き方を追求すること。	向上心、個性の伸長
（５）より高い目標を立て、希望と勇気をもち、困難があってもくじけずに努力して物事をやり抜くこと。	（４）より高い目標を設定し、その達成を目指し、希望と勇気をもち、困難や失敗を乗り越えて着実にやり遂げること。	希望と勇気、克己と強い意志
（６）真理を大切にし、物事を探究しようとする心をもつこと。	（５）真実を大切にし、真理を探究して新しいものを生み出そうと努めること。	真理の探究、創造
B　主として人との関わりに関すること		
（７）誰に対しても思いやりの心をもち、相手の立場に立って親切にすること。 （８）日々の生活が家族や過去からの多くの人々の支え合いや助け合いで成り立っていることに感謝し、それに応えること。	（６）思いやりの心をもって人と接するとともに、家族などの支えや多くの人々の善意により日々の生活や現在の自分があることに感謝し、進んでそれに応え、人間愛の精神を深めること。	思いやり、感謝
（９）時と場をわきまえて、礼儀正しく真心をもって接すること。	（７）礼儀の意義を理解し、時と場に応じた適切な言動をとること。	礼儀
(10) 友達と互いに信頼し、学び合って友情を深め、異性についても理解しながら、人間関係を築いていくこと。	（８）友情の尊さを理解して心から信頼できる友達をもち、互いに励まし合い、高め合うとともに、異性についての理解を深め、悩みや葛藤も経験しながら人間関係を深めていくこと。	友情、信頼
(11) 自分の考えや意見を相手に伝えるとともに、謙虚な心をもち、広い心で自分と異なる意見や立場を尊重すること。	（９）自分の考えや意見を相手に伝えるとともに、それぞれの個性や立場を尊重し、いろいろなものの見方や考え方があることを理解し、寛容の心をもって謙虚に他に学び、自らを高めていくこと。	相互理解、寛容
C　主として集団や社会との関わりに関すること		
(12) 法やきまりの意義を理解した上で進んでそれらを守り、自他の権利を大切にし、義務を果たすこと。	(10) 法やきまりの意義を理解し、それらを進んで守るとともに、そのよりよい在り方について考え、自他の権利を大切にし、義務を果たして、規律ある安定した社会の実現に努めること。	遵法精神、公徳心
(13) 誰に対しても差別をすることや偏見をもつことなく、公正、公平な態度で接し、正義の実現に努めること。	(11) 正義と公正さを重んじ、誰に対しても公平に接し、差別や偏見のない社会の実現に努めること。	公正、公平、社会正義
(14) 働くことや社会に奉仕することの充実感を味わうとともに、その意義を理解し、公共のために役に立つことをすること。	(12) 社会参画の意識と社会連帯の自覚を高め、公共の精神をもってよりよい社会の実現に努めること。	社会参画、公共の精神
	(13) 勤労の尊さや意義を理解し、将来の生き方について考えを深め、勤労を通じて社会に貢献すること。	勤労
(15) 父母、祖父母を敬愛し、家族の幸せを求めて、進んで役に立つことをすること。	(14) 父母、祖父母を敬愛し、家族の一員としての自覚をもって充実した家庭生活を築くこと。	家族愛、家庭生活の充実
(16) 先生や学校の人々を敬愛し、みんなで協力し合ってよりよい学級や学校をつくるとともに、様々な集団の中での自分の役割を自覚して集団生活の充実に努めること。	(15) 教師や学校の人々を敬愛し、学級や学校の一員としての自覚をもち、協力し合ってよりよい校風をつくるとともに、様々な集団の意義や集団の中での自分の役割と責任を自覚して集団生活の充実に努めること。	よりよい学校生活、集団生活の充実
(17) 我が国や郷土の伝統と文化を大切にし、先人の努力を知り、国や郷土を愛する心をもつこと。	(16) 郷土の伝統と文化を大切にし、社会に尽くした先人や高齢者に尊敬の念を深め、地域社会の一員としての自覚をもって郷土を愛し、進んで郷土の発展に努めること。	郷土の伝統と文化の尊重、郷土を愛する態度
	(17) 優れた伝統の継承と新しい文化の創造に貢献するとともに、日本人としての自覚をもって国を愛し、国家及び社会の形成者として、その発展に努めること。	我が国の伝統と文化の尊重、国を愛する態度
(18) 他国の人々や文化について理解し、日本人としての自覚をもって国際親善に努めること。	(18) 世界の中の日本人としての自覚をもち、他国を尊重し、国際的視野に立って、世界の平和と人類の発展に寄与すること。	国際理解、国際貢献
D　主として生命や自然、崇高なものとの関わりに関すること		
(19) 生命が多くの生命のつながりの中にあるかけがえのないものであることを理解し、生命を尊重すること。	(19) 生命の尊さについて、その連続性や有限性なども含めて理解し、かけがえのない生命を尊重すること。	生命の尊さ
(20) 自然の偉大さを知り、自然環境を大切にすること。	(20) 自然の崇高さを知り、自然環境を大切にすることの意義を理解し、進んで自然の愛護に努めること。	自然愛護
(21) 美しいものや気高いものに感動する心や人間の力を超えたものに対する畏敬の念をもつこと。	(21) 美しいものや気高いものに感動する心をもち、人間の力を超えたものに対する畏敬の念を深めること。	感動、畏敬の念
(22) よりよく生きようとする人間の強さや気高さを理解し、人間として生きる喜びを感じること。	(22) 人間には自らの弱さや醜さを克服する強さや気高く生きようとする心があることを理解し、人間として生きることに喜びを見いだすこと。	よりよく生きる喜び

表　小中学校の

	小学校第１学年及び第２学年（19）	小学校第３学年及び第４学年（20）
A　主として自分自身に関すること		
善悪の判断、自律、自由と責任	（１）よいことと悪いこととの区別をし、よいと思うことを進んで行うこと。	（１）正しいと判断したことは、自信をもって行うこと。
正直、誠実	（２）うそをついたりごまかしをしたりしないで、素直に伸び伸びと生活すること。	（２）過ちは素直に改め、正直に明るい心で生活すること。
節度、節制	（３）健康や安全に気を付け、物や金銭を大切にし、身の回りを整え、わがままをしないで、規則正しい生活をすること。	（３）自分でできることは自分でやり、安全に気を付け、よく考えて行動し、節度のある生活をすること。
個性の伸長	（４）自分の特徴に気付くこと。	（４）自分の特徴に気付き、長所を伸ばすこと。
希望と勇気、努力と強い意志	（５）自分のやるべき勉強や仕事をしっかり行うこと。	（５）自分でやろうと決めた目標に向かって、強い意志をもち、粘り強くやり抜くこと。
真理の探究		
B　主として人との関わりに関すること		
親切、思いやり	（６）身近にいる人に温かい心で接し、親切にすること。	（６）相手のことを思いやり、進んで親切にすること。
感謝	（７）家族など日頃世話になっている人々に感謝すること。	（７）家族など生活を支えてくれている人々や現在の生活を築いてくれた高齢者に、尊敬と感謝の気持ちをもって接すること。
礼儀	（８）気持ちのよい挨拶、言葉遣い、動作などに心掛けて、明るく接すること。	（８）礼儀の大切さを知り、誰に対しても真心をもって接すること。
友情、信頼	（９）友達と仲よくし、助け合うこと。	（９）友達と互いに理解し、信頼し、助け合うこと。
相互理解、寛容		（10）自分の考えや意見を相手に伝えるとともに、相手のことを理解し、自分と異なる意見も大切にすること。
C　主として集団や社会との関わりに関すること		
規則の尊重	（10）約束やきまりを守り、みんなが使う物を大切にすること。	（11）約束や社会のきまりの意義を理解し、それらを守ること。
公正、公平、社会正義	（11）自分の好き嫌いにとらわれないで接すること。	（12）誰に対しても分け隔てをせず、公正、公平な態度で接すること。
勤労、公共の精神	（12）働くことのよさを知り、みんなのために働くこと。	（13）働くことの大切さを知り、進んでみんなのために働くこと。
家族愛、家庭生活の充実	（13）父母、祖父母を敬愛し、進んで家の手伝いなどをして、家族の役に立つこと。	（14）父母、祖父母を敬愛し、家族みんなで協力し合って楽しい家庭をつくること。
よりよい学校生活、集団生活の充実	（14）先生を敬愛し、学校の人々に親しんで、学級や学校の生活を楽しくすること。	（15）先生や学校の人々を敬愛し、みんなで協力し合って楽しい学級や学校をつくること。
伝統と文化の尊重、国や郷土を愛する態度	（15）我が国や郷土の文化と生活に親しみ、愛着をもつこと。	（16）我が国や郷土の伝統と文化を大切にし、国や郷土を愛する心をもつこと。
国際理解、国際親善	（16）他国の人々や文化に親しむこと。	（17）他国の人々や文化に親しみ、関心をもつこと。
D　主として生命や自然、崇高なものとの関わりに関すること		
生命の尊さ	（17）生きることのすばらしさを知り、生命を大切にすること。	（18）生命の尊さを知り、生命あるものを大切にすること。
自然愛護	（18）身近な自然に親しみ、動植物に優しい心で接すること。	（19）自然のすばらしさや不思議さを感じ取り、自然や動植物を大切にすること。
感動、畏敬の念	（19）美しいものに触れ、すがすがしい心をもつこと。	（20）美しいものや気高いものに感動する心をもつこと。
よりよく生きる喜び		

（出所）（『小学校学習指導要領解説　特別の教科　道徳』平成27年７月）

道徳に係る教育課程の改善等について（答申）（抄）

平成26年10月21日　中央教育審議会

はじめに（略）

1　道徳教育の改善の方向性

（1）道徳教育の使命

教育基本法においては、教育の目的として、人格の完成を目指すことが示されている。人格の基盤となるのが道徳性であり、その道徳性を育てることが道徳教育の使命である。平成25年12月の「道徳教育の充実に関する懇談会」報告では、道徳教育について「自立した一人の人間として人生を他者とともによりよく生きる人格を形成することを目指すもの」と述べられている。道徳教育においては、人間尊重の精神と生命に対する畏敬《いけい》の念を前提に、人が互いに尊重し協働して社会を形作っていく上で共通に求められるルールやマナーを学び、規範意識などを育むとともに、人としてよりよく生きる上で大切なものとは何か、自分はどのように生きるべきかなどについて、時には悩み、葛藤《かっとう》しつつ、考えを深め、自らの生き方を育んでいくことが求められる。

さらに、今後グローバル化が進展する中で、様々な文化や価値観を背景とする人々と相互に尊重し合いながら生きることや、科学技術の発展や社会・経済の変化の中で、人間の幸福と社会の発展の調和的な実現を図ることが一層重要な課題となる。こうした課題に対応していくためには、社会を構成する主体である一人一人が、高い倫理観をもち、人としての生き方や社会の在り方について、多様な価値観の存在を認識しつつ、自ら感じ、考え、他者と対話し協働しながら、よりよい方向を目指す資質・能力を備えることがこれまで以上に重要であり、こうした資質・能力の育成に向け、道徳教育は、大きな役割を果たす必要がある。

このように、道徳教育は、人が一生を通じて追求すべき人格形成の根幹に関わるものであり、同時に、民主的な国家・社会の持続的発展を根底で支えるものでもある。また、道徳教育を通じて育成される道徳性、とりわけ、内省しつつ物事の本質を考える力や何事にも主体性をもって誠実に向き合う意志や態度、豊かな情操などは、「豊かな心」だけでなく、「確かな学力」や「健やかな体」の基盤ともなり、「生きる力」を育むものである。学校における道徳教育は、児童生徒一人一人が将来に対する夢や希望、自らの人生や未来を切り拓《ひら》いていく力を育む源となるものでなければならない。

その意味で、道徳教育は、本来、学校教育の中核として位置付けられるべきものであるが、その実態については、学校の教育目標に即して充実した指導を重ね、確固たる成果を上げている優れた取組がある一方で、例えば、道徳教育の要である道徳の時間において、その特質を生かした授業が行われていない場合があることや、発達の段階が上がるにつれ、授業に対する児童生徒の受け止めがよくない状況にあること、学校や教員によって指導の格差が大きいことなど多くの課題が指摘されており、全体としては、いまだ不十分な状況にある。こうした実態も真摯に受け止めつつ、早急に改善に取り組む必要がある。

なお、道徳教育をめぐっては、児童生徒に特定の価値観を押し付けようとするものではないかなどの批判が一部にある。しかしながら、道徳教育の本来の使命に鑑みれば、特定の価値観を押し付けたり、主体性をもたず言われるままに行動するよう指導したりすることは、道徳教育が目指す方向の対極にあるものと言わなければならない。むしろ、多様な価値観の、時に対立がある場合を含めて、誠実にそれらの価値に向き合い、道徳としての問題を考え続ける姿勢こそ道徳教育で養うべき基本的資質であると考えられる。

もちろん、道徳教育において、児童生徒の発達の段階等を踏まえ、例えば、社会のルールやマナー、人としてしてはならないことなどについてしっかりと身に付けさせることは必要不可欠である。しかし、これらの指導の真《しん》の目的は、ルールやマナー等を単に身に付けさせることではなく、そのことを通して道徳性を養うことであり、道徳教育においては、発達の段階も踏まえつつ、こうしたルールやマナー等の意義や役割そのものについても考えを深め、さらには、必要があればそれをよりよいものに変えていく力を育てることをも目指していかなくてはならない。

また、実生活においては、同じ事象でも立場や状況によって見方が異なったり、複数の道徳的価値が対立し、単一の道徳的価値だけでは判断が困難な状況に遭遇したりすることも多い。このことを前提に、道徳教育においては、人として生きる上で重要な様々な道徳的価値について、児童生徒が発達の段階に応じて学び、理解を深めるとともに、それを基にしながら、それぞれの人生において出会うであろう多様で複雑な具体的事象に対し、一人一人が多角的に考え、判断し、適切に行動するための資質・能力を養うことを目指さなくてはならない。

（2）道徳教育のねらいを実現するための教育課程の改善

（略）

2　道徳に係る教育課程の改善方策

（1）道徳の時間を「特別の教科　道徳」（仮称）として位置付ける

前述のように、道徳教育の充実に向け、学校の教育活動全体を通じて行う道徳教育の要である「道徳の時間」を「特別の教科　道徳」（仮称）として位置付けた上で、道徳に係る教育課程の在り方を改善する必要がある。

道徳の時間については、学習指導要領に示された内容について体系的な指導により学ぶという各教科と共通する側面がある一方で、道徳教育の要となって人格全体に関わる道徳性の育成を目指すものであることから、学級担任が担当することが望ましいと考えられること、数値などによる評価はなじまないと考えられることなど、各教科にはない側面がある。

このことを踏まえ、教育課程上も各教科とは異なる新たな枠組みとして「特別の教科」（仮称）を設け、学校教育法施行規則に位置付けることが適切である。

あわせて、学習指導要領に示す目標、内容を道徳の時間よりも体系的、構造的で明確なものとするとともに、指導方法や評価の在り方についても一貫した理念のもと改善を図ることにより、学校の教育活動全体を通じて行う道徳教育の要としての性格を強化し、それ以外の各教科等における指導との役割分担や関連の在り方等を改善することが必要と考える。「特別の教科 道徳」（仮称）を要として、学校における道徳教育全体の充実を図ることは、教育基本法に定める「人格の完成」や「平和で民主的な国家及び社会の形成者として必要な資質」の育成など教育の根本的な理念の実現にとっても極めて大きな意義をもつものと考える。

また、道徳の授業については、特に小学校高学年や中学校において課題が大きいことが指摘されており、その改善のためには、児童生徒の発達の段階を踏まえ、内容や指導方法等を適切に見直すことが必要と考えられる。なお、中学校段階では、小学校において育成される道徳性の基礎を踏まえ、人としてどのように生きるかということについて、一人一人が主体的に考えを深めることが特に重要であることに鑑みれば、「特別の教科」（仮称）として、中学校については「道徳」に代えて、例えば「人間科」などの名称を付することにより、その趣旨をより明確にすることも考えられるとの意見もあった。

さらに、当然のことながら、道徳教育の充実は、「特別の教科 道徳」（仮称）の設置だけで解決できるものではなく、「特別の教科 道徳」（仮称）を要として、学校の教育活動全体を通じて行う道徳教育を改めて見直し、充実を図ることが必要である。

とりわけ、道徳的実践の指導の充実を図る観点から目標や内容を見直した現行の学習指導要領における特別活動については、道徳教育において特に重要な役割が期待されるものである。このため、特別活動の特質を十分に踏まえた上で、各学校において、特別活動と「特別の教科 道徳」（仮称）のそれぞれの役割を明確にしつつ、連携を一層密にした計画的な指導を行うことが求められる。

さらには、各教科や総合的な学習の時間等においても、教員がより明確な意識をもって道徳教育の指導に当たるとともに、「特別の教科 道徳」（仮称）との意図的、計画的な関連を図り、学校の教育活動全体を通じて行う道徳教育の充実につなげていくことが肝要である。

なお、「特別の教科 道徳」（仮称）の年間標準授業時数については、当面は、道徳の時間と同様に35単位時間（小学校第一学年は、34単位時間）とし、将来的な在り方については、教育課程全体の在り方に関する検討の中で扱うこととするのが適当である。

以上を踏まえ、次のような方向で、道徳の時間を「特別の

教科 道徳」(仮称)として教育課程上位置付けるべきである。

○ 道徳教育の重要性を踏まえ、その改善を図るため、学校教育法施行規則において、新たに「特別の教科」(仮称)という枠組みを設け、道徳の時間を「特別の教科 道徳」(仮称)として位置付ける。
○ 小・中学校の学習指導要領を見直し、現行の「第3章 道徳」に代えて、適切な章立てをもって「特別の教科 道徳」(仮称)についての記述を盛り込む。
○ 「特別の教科 道徳」(仮称)の目標、内容等については、より体系的・構造的で、「特別の教科 道徳」(仮称)が、道徳教育全体の要として効果的に機能するものとなるよう見直す。

(2) 目標を明確で理解しやすいものに改善する (略)

(3) 道徳の内容をより発達の段階を踏まえた体系的なものに改善する (略)

(4) 多様で効果的な道徳教育の指導方法へと改善する

①多様で効果的な指導方法の積極的な導入について

道徳教育の指導方法をめぐっては、これまでも、例えば、道徳の時間において、読み物の登場人物の心情理解のみに偏った形式的な指導が行われる例があることや、発達の段階などを十分に踏まえず、児童生徒に望ましいと思われる分かりきったことを言わせたり書かせたりする授業になっている例があることなど、多くの課題が指摘されている。

道徳教育においては、児童生徒一人一人がしっかりと課題に向き合い、教員や他の児童生徒との対話や討論なども行いつつ、内省し、熟慮し、自らの考えを深めていくプロセスが極めて重要である。また、特に社会を形成する一員としての主体的な生き方に関わることなどについては、実際に現場での体験活動を行うなど、行動を通して実感をもって学ぶことも重要である。このことを踏まえ、「特別の教科 道徳」(仮称)においても、そのねらいの達成に向け、言語活動や多様な表現活動等を通じて、また、実際の経験や体験も生かしながら、児童生徒に考えさせる授業を重視する必要がある。互いの存在を認め尊重し、意見を交流し合う経験は、児童生徒の自尊感情や自己への肯定感を高める上でも有効と考えられる。

あわせて、「特別の教科 道徳」(仮称)の目標や指導のねらいに即し、一人一人が見通しをもって主体的に考え、学ぶことができるよう、その内容を学ぶことの意義を理解させたり、学んだことを振り返らせたりする指導が重要である。

さらに、多様で柔軟な指導の充実を図る観点から、「特別の教科 道徳」(仮称)において、その特質や児童生徒の実態も踏まえつつ、例えば、授業1単位時間につき、一つの内容項目に限定するのではなく、複数の内容項目を関連付けた指導を行うことや、一つの内容項目を複数の時間で扱うような指導を行うことなどもあってよい。特に、各学校において重点的な指導を行う内容については、「特別の教科 道徳」（仮称）を要として、関連する各教科等での指導や家庭との連携を密にした計画的な指導を行うなどの工夫も求められる。

また、指導のねらいに即し、適切と考えられる場合には、「特別の教科 道徳」（仮称）において、道徳的習慣や道徳的行為に関する指導、問題解決的な学習や体験的な学習、役割演技やコミュニケーションに係る具体的な動作や所作の在り方等に関する学習などの指導を、発達の段階を踏まえつつ取り入れることも重要である。その際には、単に活動を行って終わるのでなく、児童生徒が活動を通じて学んだことを振り返り、その意義などについて考えることにより、道徳的価値の自覚を深め、様々な課題を主体的に解決するための資質・能力の育成に資することとなるよう十分に留意する必要がある。

情報モラル、生命倫理など現代社会を生きる上での課題を扱う場合にも、問題解決的な学習を行ったり討論を深めたりするなど指導方法を工夫していくことが求められる。

さらには、発達の段階によっても効果的な指導方法は異なることから、小学校と中学校での指導には一定の違いがあってしかるべきである。例えば、小学校低学年では、人としてしてはならないことを具体的に指導し、しっかりと自覚させることに重点を置き、中学校では、人としての生き方や在り方について多角的に考えさせることを重視するなど、児童生徒の発達の段階を踏まえた指導方法を工夫することが求められる。また、このことに関して、例えば、中学校においては、学習指導要領に重点として示す事項や学校の定める重点などを除き、内容項目を全て毎学年で扱うのではなく、生徒の実態等も踏まえつつ、3年間の中で計画的に完結させるものもあってよいとするなど柔軟な扱いも認めるべきとの意見もあった。こうした点も踏まえつつ、各学校における指導の充実が図られるよう、学習指導要領やその解説等において留意点等を示す必要がある。

②道徳の指導計画の改善について（略）

③学校における指導体制の充実について

学校においては、校長が明確な道徳教育の方針をもち、そのリーダーシップの下、道徳教育推進教師を中心に、全教員が役割を分担して、学校として組織的に道徳教育を推進することが一層求められる。その際、教員一人一人が、道徳教育に対する高い意識と堅固な倫理観をもって指導に当たることが必要である。

「特別の教科 道徳」（仮称）の指導に当たっては、児童生徒をよく理解している学級担任が原則として担当することが適当と考えるが、全てを学級担任任せにするのではなく、校長をはじめとする管理職や、学校や学年の教員全体が、自らの得意分野を生かす取組なども重要である。「特別の教科 道徳」（仮称）に係る指導力は、教員の教育活動全般にわたっての指導力を高める上でも極めて重要なものであり、例えば、学校の全ての教員が、授業の準備、実施、振り返りの各プロセスを含め、道徳の学習指導案の作成や授業実践を少なくとも年に1回は担当して授業を公開するなど学校全体での積極的な指導力向上の取組も望まれる。

あわせて、小学校と中学校とが連携を図り、教員が相互に学び合ったり協力したりするなど小・中学校の接続を意識して道徳教育の指導の改善を一層図っていくことも求められる。

④学校と家庭や地域との連携の強化について

道徳教育を推進する上で、学校と家庭や地域との連携・協力が不可欠である。特に、家庭は、子供の教育について第一義的な責任を有するものであり、児童生徒が生活のために必要な習慣を身に付けるとともに、自立心を育成し、心身の調和のとれた発達を図る上で、その果たすべき役割は極めて大きい。

家庭や地域との連携による道徳教育を推進するため、各学校には、「道徳教育の全体計画」の作成に当たって家庭や地域の参加を得ることや、全体計画や道徳教育に関する情報をホームページや学校だより等で積極的に発信し、家庭や地域と共有することなどが求められる。

また、キャリア教育や社会を構成する一員としての主体的な生き方に関わる教育（いわゆるシティズンシップ教育）等の充実の観点からも、外部の人材の協力を得ることや、「特別の教科 道徳」（仮称）の授業の積極的な公開、土曜日の活用なども含めた家庭や地域の人々も参加できる授業の工夫など、家庭や地域との連携を強化することが重要である。

家庭や地域の理解を得て連携した取組を推進するためには、例えば、学校運営協議会などを活用し組織的に取り組むとともに、学校評価と関連付けることなども効果的と考えられる。

さらに、例えば、家庭教育支援のための施策とも連携を図りながら、地域において親子で道徳について学ぶことのできる機会を設けるなど、家庭や地域にも開かれた道徳教育を進めることも期待される。

以上のような指導方法に係る課題の多くは、基本的には、各学校における校長のリーダーシップに基づく取組や個々の授業において改善が図られるべき事柄であるが、例えば、以下のような点を学習指導要領やその解説、さらには、より具体的に教師用資料等においても指導上の留意事項等として示すとともに、国や地方公共団体においても改善に向けた実践を支援することが求められる。

○「特別の教科 道徳」（仮称）において、目標や指導のねらいに即し、児童生徒の発達の段階を踏まえた上で、対話や討論など言語活動を重視した指導、道徳的習慣や道徳的行為に関する指導や問題解決的な学習を重視した指導などを柔軟に取り入れることが重要であること。

○「特別の教科 道徳」（仮称）の授業における内容項目のより柔軟な扱い方を工夫することや、小学校と中学校の違いを踏まえた指導方法の工夫など、指導の効果を上げるための多様な取組を行う必要があること。

○道徳の指導計画が実質的なものとして機能するよう学習指導要領を改善するとともに、各学校の道徳教育の重点を改めて見直した上で、学校全体として取組を改善する必要があること。

○ 学校における指導体制の充実及び小・中学校の連携を一層図る必要があること。
○ 授業公開、また、家庭や地域の人々も参加できる授業の工夫など、家庭や地域との連携の強化を図り、家庭や地域にも開かれた道徳教育を進めることが重要であること。

(5)「特別の教科 道徳」(仮称)に検定教科書を導入する

現在、道徳教育用教材として文部科学省が作成した「私たちの道徳」が全国の小・中学生に配布され、道徳の時間をはじめ、学校の教育活動全体で行う道徳教育において、また、家庭や地域との連携などにおいて活用されている。

道徳教育の充実を図るためには、充実した教材が不可欠であり、今後、道徳教育の要である「特別の教科 道徳」(仮称)の中心となる教材として、全ての児童生徒に無償で給与される検定教科書を導入することが適当である。

このため、「特別の教科 道徳」(仮称)を学校教育法施行規則及び学習指導要領に位置付けるための制度改正を行った後、「特別の教科 道徳」(仮称)の特性を踏まえ、教材として具備すべき要件に留意しつつ、民間発行者の創意工夫を生かすとともに、バランスのとれた多様な教科書を認めるという基本的な観点に立ち、教科書検定の具体化に取り組む必要がある。また、学習指導要領の改訂においては、教科書の著作・編集や検定の実施を念頭に、これまでよりも目標や内容、内容の取扱い等について具体的に示すなどの配慮が求められる。

検定教科書が供給されることとなった後も、道徳教育の特性に鑑みれば、教科書の内容を一方的に教え込むような指導が不適切であることは言うまでもない。また、教科書のみを使用するのではなく、各地域に根ざした郷土資料など、多様な教材を併せて活用することが重要と考えられる。国や地方公共団体には、道徳教育の教材の開発・活用のため、引き続き支援の充実に努めることが求められる。

以上を踏まえ、教科書や教材の使用について、学習指導要領の改訂に当たり、以下のような点に留意しつつ、適切に取り扱うことが求められる。

○ 道徳教育の充実を図るためには、充実した教材が不可欠であり、「特別の教科 道徳」(仮称)の特性を踏まえ、教材として具備すべき要件に留意しつつ、民間発行者の創意工夫を生かすとともに、バランスのとれた多様な教科書を認めるという基本的な観点に立ち、中心となる教材として、検定教科書を導入することが適当であること。
○ 「特別の教科 道徳」(仮称)の教科書の著作・編集や検定の実施を念頭に、学習指導要領の記述をこれまでよりも具体的に示すなどの配慮を行うこと。
○ 道徳教育の特性に鑑み、教科書だけでなく、多様な教材が活用されることが重要であり、国や地方公共団体は、教材の充実のための支援に努める必要があること。

（6）一人一人のよさを伸ばし、成長を促すための評価を充実する

道徳教育における評価は、指導を通じて表れる児童生徒の道徳性の変容を、指導のねらいや内容に即して把握するものである。このことを通じて、児童生徒が自らの成長を実感し、学習意欲を高め、道徳性の向上につなげていくとともに、評価を踏まえ、教員が道徳教育に関する目標や計画、指導方法の改善・充実に取り組むことが期待される。

現行学習指導要領においては、道徳教育の評価について、「児童の道徳性については、常にその実態を把握して指導に生かすよう努める必要がある。ただし、道徳の時間に関して数値などによる評価は行わないものとする。」（小学校学習指導要領。中学校学習指導要領においても同旨。）とされている。

また、指導要録は、児童生徒の学籍並びに指導の過程及び結果の要約を記録し、その後の指導及び外部に対する証明等に役立たせるための原簿であり、文部科学省が示した参考様式をもとに、学校の設置者が様式を定めているものである。

現在の参考様式の「指導に関する記録」には、道徳の時間の記録欄が示されていない。一方、各教科、道徳、外国語活動（小学校）、総合的な学習の時間、特別活動やその他学校生活全体にわたって認められる児童生徒の行動については、「行動の記録」欄が設けられている。同欄については、学習指導要領の総則及び道徳の目標や内容、行動の記録の評価項目及びその趣旨を参考にして、設置者が項目を適切に設定するとともに、各学校が自らの教育目標に沿って項目を追加できるようになっており、各項目の趣旨に照らして十分に満足できる状況にあると判断される場合に、〇印を記入することとされている。

教育において指導の効果を上げるためには、指導計画の下に、目標に基づいて教育実践を行い、指導のねらいや内容に照らして児童生徒の学習状況や実態を把握するとともに、その結果を踏まえて、学校としての取組や教員自らの指導について改善を行うＰＤＣＡサイクルが重要であり、このことは道徳教育についても同様である。

しかしながら、これまで、道徳教育に関しては、指導要録に固有の記録欄が設定されていないこともあり、必ずしも十分な評価活動が行われておらず、このことが、道徳教育を軽視する一因となったとの指摘もなされている。

今回、道徳の時間を「特別の教科 道徳」（仮称）として位置付けるとともに、道徳教育全体の充実を図るためには、これまでの反省に立ち、評価についても改善を図る必要がある。

①評価に当たっての基本的な考え方について

道徳性の評価の基盤には、教員と児童生徒との人格的な触れ合いによる共感的な理解が存在することが重要である。その上で、児童生徒の成長を見守り、努力を認めたり、励ましたりすることによって、児童生徒が自らの成長を実感し、更に意欲的に取り組もうとするきっかけとなるような評価を目指すべきと考える。

なお、道徳性は、極めて多様な児童生徒の人格全体に関わるものであることから、個人内の成長の過程を重視すべきであって、「特別の教科 道徳」(仮称)について、指導要録等に示す評価として、数値などによる評価は導入すべきではない。

道徳性の評価に当たっては、指導のねらいや内容に照らし、児童生徒の学習状況を把握するために、児童生徒の作文やノート、質問紙、発言や行動の観察、面接など、様々な方法で資料等を収集することになる。その上で、例えば、指導のねらいに即した観点による評価、学習活動における表現や態度などの観察による評価(「パフォーマンス評価」など)、学習の過程や成果などの記録の積み上げによる評価(「ポートフォリオ評価」など)のほか、児童生徒の自己評価など多種多様な方法の中から適切な方法を用いて評価を行い、課題を明確にして指導の充実を図ることが望まれる。

なお、児童生徒の道徳性は、一人一人、様々に変容し成長していくものであることから、長期的な視点に立って継続的にその成長を把握していくことも重要である。

また、評価を効果的に実施するためには、教員の研修をはじめ、学校全体としての組織的な取組の推進や、評価方法等に関する情報の充実が必要であり、国や地方公共団体においても、評価に関する参考資料の作成や研修の充実などの支援に努めるべきである。

②指導要録について

「特別の教科　道徳(仮称)」については、指導要録に専用の記録欄を新たに設け、当該授業における児童生徒の学習状況を踏まえ、成長の様子などに係る顕著な事項を文章で記述することが考えられる。その際、様々な観点から多様な方法で収集した資料を基にして、多面的、継続的に児童生徒の道徳性の成長を把握した結果を総合的に記載するとともに、評価を通じて、児童生徒のよりよく生きようとする意欲や可能性を認めるものとなるよう留意する必要がある。

また、学校の教育活動全体を通じて行う道徳教育の成果として行動面に表れたものを評価することについては、現行の指導要録の「行動の記録」を改善し活用することなども考えられる。

以上を踏まえ、道徳教育の評価に関して、次のような点を学習指導要領やその解説等に盛り込むことが求められる。

○　道徳教育の充実のためには、目標を踏まえ、指導のねらいや内容に照らして、児童生徒一人一人のよさを伸ばし、道徳性に係る成長を促すための適切な評価を行うことが必要であること。このことは、道徳教育に係る学校や教員の指導改善等にも不可欠であること。

○　児童生徒の道徳性の評価については、多面的、継続的に把握し、総合的に評価していく必要があること。ただし、「特別の教科 道徳」(仮称)について、数値などによる評価を行うことは不適切であること。

○　指導要録について、「特別の教科　道徳」（仮称）に関して、その目標に照らして学習状況や成長の様子などを文章で記述するための専用の記録欄を設けることなどの改善を図る必要があること。また、学校の教育活動全体を通じて行う道徳教育の成果として行動面に表れたものを評価することについては、現行の指導要録の「行動の記録」を改善し活用することなども考えられること。

なお、「特別の教科　道徳」（仮称）や学校の教育活動全体を通じて行う道徳教育の評価について、指導要録の具体的な改善策等については、今後、文部科学省において、更に専門的に検討を行うことが求められる。

3　その他改善が求められる事項（略）

教育課程企画特別部会　論点整理（抄）

平成27年8月26日
中央教育審議会初等中等教育分科会
教育課程部会教育課程企画特別部会

1．2030年の社会と子供たちの未来（略）

2．新しい学習指導要領等が目指す姿

（1）新しい学習指導要領等の在り方について

○　学習指導要領等は、学校教育法に基づき国が定める教育課程の基準であり、教育の目標や指導すべき内容等を体系的に示している。各学校は、学習指導要領等に基づき、その記述の意味や解釈などの詳細について説明した教科等別の解説を踏まえ、教育課程を編成し、年間指導計画等や授業等ごとの学習指導案等を作成し、実施するものと定められている。

○　各学校が今後、教育課程を通じて子供たちにどのような力を育むのかという教育目標を明確にし、それを広く社会と共有・連携していけるようにするためには、教育課程の基準となる学習指導要領等が、「社会に開かれた教育課程」を実現するという理念のもと、学習指導要領等に基づく指導を通じて子供たちが何を身に付けるのかを明確に示していく必要がある。

○　そのためには、指導すべき個別の内容事項の検討に入る前に、まずは学習する子供の視点に立ち、教育課程全体や各教科等の学びを通じて「何ができるようになるのか」という観点から、育成すべき資質・能力を整理する必要がある。その上で、整理された資質・能力を育成するために「何を学ぶのか」という、必要な指導内容等を検討し、その内容を「どのように学ぶのか」という、子供たちの具体的な学びの姿を考えながら構成していく必要がある。

（学習プロセス等の重要性を踏まえた検討）（略）

（2）育成すべき資質・能力について

①育成すべき資質・能力についての基本的な考え方

○　学習指導要領等がどのような資質・能力の育成を目指すのかについては、教育法令が定める教育の目的・目標等を踏まえて検討する必要がある。教育基本法に定める教育の目的を踏まえれば、育成すべき資質・能力の上位には、常に個人一人一人の「人格の完成」と、「平和で民主的な国家及び社会の形成者として必要な資質」を備えた心身ともに健康な国民の育成があるべきである。

（現代的な課題）

○　教育基本法が目指すこうした教育の目的を踏まえつつ、社会の質的変化等を踏まえた現代的な課題に即して、これからの時代に求められる人間の在り方を描くとすれば、以下のような在り方などが考えられる。

・社会的・職業的に自立した人間として，郷土や我が国が育んできた伝統や文化に立脚した広い視野と深い知識を持ち，理想を実現しようとする高い志や意欲を持って，個性や能力を生かしながら，社会の激しい変化の中でも何が重要かを主体的に判断できる人間であること。

・他者に対して自分の考え等を根拠とともに明確に説明しながら，対話や議論を通じて多様な相手の考えを理解したり自分の考え方を広げたりし，多様な人々と協働していくことができる人間であること。

・社会の中で自ら問いを立て，解決方法を探索して計画を実行し，問題を解決に導き新たな価値を創造していくとともに新たな問題の発見・解決につなげていくことのできる人間であること。

○　人間としてのこうした在り方を，教育課程の在り方に展開させるには，必要とされる資質・能力の要素についてその構造を整理しておく必要がある。

○　この点について，海外の事例や，カリキュラムに関する先行研究等に関する分析によれば，育成すべき資質・能力の要素が，知識に関するもの，スキルに関するもの，情意（人間性など）に関するものの三つに大きく分類されている。

　上記の三要素を，学校教育法第30条第2項が定める学校教育において重視すべき三要素（「知識・技能」「思考力・判断力・表現力等」「主体的に学習に取り組む態度」）に照らし合わせると，これらの考え方は大きく共通するものであることがわかる。

（資質・能力の要素）

○　これら三要素を議論の出発点としながら，学習する子供の視点に立ち，育成すべき資質・能力を以下のような三つの柱（以下「三つの柱」という。）で整理することが考えられる。教育課程には，発達に応じて，これら三つをそれぞれバランスよくふくらませながら，子供たちが大きく成長していけるようにする役割が期待されており，各教科等の文脈の中で身に付けていく力と，教科横断的に身に付けていく力とを相互に関連付けながら育成していく必要がある。

(i)「何を知っているか，何ができるか（個別の知識・技能）」

　各教科等に関する個別の知識や技能などであり，身体的技能や芸術表現のための技能等も含む。基礎的・基本的な知識・技能を着実に獲得しながら，既存の知識・技能と関連付けたり組み合わせたりしていくことにより，知識・技能の定着を図るとともに，社会の様々な場面で活用できる知識・技能として体系化しながら身に付けていくことが重要である。

(ii)「知っていること・できることをどう使うか（思考力・判断力・表現力等）」

　問題を発見し，その問題を定義し解決の方向性を決定し，解決方法を探して計画を立て，結果を予測しながら実行し，プロセスを振り返って次の問題発見・解決につなげていくこと（問題発見・解決）や、情報を他者と共有しながら、対話や議論を通じて互いの多様な考え方の共通点や相違点を理解し、相手の考えに共感したり多様な考えを統合したりして、協力しながら問題を解決していくこと（協働的問題解決）のために必要な思考力・判断力・表現力等である。

特に、問題発見・解決のプロセスの中で、以下のような思考・判断・表現を行うことができることが重要である。

・問題発見・解決に必要な情報を収集・蓄積するとともに、既存の知識に加え、必要となる新たな知識・技能を獲得し、知識・技能を適切に組み合わせて、それらを活用しながら問題を解決していくために必要となる思考。

・必要な情報を選択し、解決の方向性や方法を比較・選択し、結論を決定していくために必要な判断や意思決定。

・伝える相手や状況に応じた表現。

(iii)「どのように社会・世界と関わり、よりよい人生を送るか（学びに向かう力、人間性等）」

上記の(i)及び(ii)の資質・能力を、どのような方向性で働かせていくかを決定付ける重要な要素であり、以下のような情意や態度等に関わるものが含まれる。

・主体的に学習に取り組む態度も含めた学びに向かう力や、自己の感情や行動を統制する能力、自らの思考のプロセス等を客観的に捉える力など、いわゆる「メタ認知」に関するもの。

・多様性を尊重する態度と互いのよさを生かして協働する力、持続可能な社会づくりに向けた態度、リーダーシップやチームワーク、感性、優しさや思いやりなど、人間性等に関するもの。

○　こうした資質・能力については、学習指導要領等を踏まえつつ、各学校が編成する教育課程の中で、各学校の教育目標とともに、育成する資質・能力のより具体的な姿を明らかにしていくことが重要である。その際、子供一人一人の個性に応じた資質・能力をどのように高めていくかという視点も重要になる。

②特にこれからの時代に求められる資質・能力（略）

③発達の段階や成長過程のつながり（略）

(3)　育成すべき資質・能力と、学習指導要領等の構造化の方向性について

①学習指導要領等の構造化の在り方（略）

②学習活動の示し方や「アクティブ・ラーニング」の意義等

○　次期改訂の視点は、子供たちが「何を知っているか」だけではなく、「知っていることを使ってどのように社会・世界と関わり、よりよい人生を送るか」ということであり、知識・技能、思考力・判断力・表現力等、学びに向かう力や人間性など情意・態度等に関わるものの全てを、いかに総合的に育んでいくかということである。

（「アクティブ・ラーニング」の意義）

○　思考力・判断力・表現力等は、学習の中で、（2）①(ii)に示したような思考・判断・表現が発揮される主体的・協働的な問題発見・解決の場面を経験することによって磨かれていく。身に付けた個別の知識や技能も、そうした学習経験の中で活用することにより定着し、既存の知識や技能と関連付けられ体系化されながら身に付いていき、ひいては生涯にわたり活用できるような物事の深い理解や方法の熟達に至ることが期待される。

○　また、こうした学びを推進するエンジンとなるのは、子供の学びに向かう力であり、これを引き出すためには、実社会や実生活に関連した課題などを通じて動機付けを行い、子供たちの学びへの興味と努力し続ける意志を喚起する必要がある。

○　このように、次期改訂が目指す育成すべき資質・能力を育むためには、学びの量とともに、質や深まりが重要であり、子供たちが「どのように学ぶか」についても光を当てる必要があるとの認識のもと、「課題の発見・解決に向けた主体的・協働的な学び（いわゆる「アクティブ・ラーニング」）」について、これまでの議論等も踏まえつつ検討を重ねてきた。

○　昨年11月の諮問以降、学習指導要領等の改訂に関する議論において、こうした指導方法を焦点の一つとすることについては、注意すべき点も指摘されてきた。つまり、育成すべき資質・能力を総合的に育むという意義を踏まえた積極的な取組の重要性が指摘される一方で、指導法を一定の型にはめ、教育の質の改善のための取組が、狭い意味での授業の方法や技術の改善に終始するのではないかといった懸念などである。我が国の教育界は極めて真摯に教育技術の改善を模索する教員の意欲や姿勢に支えられていることは確かであるものの、これらの工夫や改善が、ともすると本来の目的を見失い、特定の学習や指導の「型」に拘泥する事態を招きかねないのではないかとの指摘を踏まえての危惧と考えられる。

（指導方法の不断の見直し）（略）

3．学習評価の在り方について（略）

4．学習指導要領等の理念を実現するために必要な方策（略）

5．各学校段階、各教科等における改訂の具体的な方向性

（略）

（1）各学校段階の教育課程の基本的な枠組みと、学校段階

間の接続（略）

（2）各教科・科目等の内容の見直し

（略）

⑮道徳教育

○　学校における道徳教育は、自己の生き方を考え、主体的な判断の下に行動し、自立した一人の人間として他者とともによりよく生きるための基盤となる道徳性を養うことを目標とする教育活動であり、「どのように社会・世界と関わり、よりよい人生を送るか」の根幹となるものである。

○　このような資質・能力の育成を目指す道徳教育においては、既に学習指導要領が一部改訂され、小学校では平成30年度、中学校では平成31年度から、「特別の教科 道徳」（道徳科）が実施されることとなっている。本「論点整理」が目指す「これからの時代に求められる資質・能力の育成」や、「アクティブ・ラーニング」の視点からの学習・指導方法の改善を先取りし、「考え、議論する」道徳科への転換により児童生徒の道徳性を育むものであり、道徳的諸価値についての理解を基に、自己を見つめ、物事を多面的・多角的に考え、自己の生き方や他者との関わりについても考えを深める学習を通して、道徳的判断力、道徳的心情や道徳的実践意欲と態度を育てるものである。

○　道徳の特別教科化は、これまで軽視されがちだったと指摘される従来の道徳の時間を検定教科書の導入等により着実に行われるように実質化するとともに、その質的転換を図ることを目的としている。

○　特に、後者の「考え、議論する」道徳科への質的転換については、子供たちに道徳的な実践への安易な決意表明を迫るような指導を避ける余り道徳の時間を内面的資質の育成に完結させ、その結果、実際の教室における指導が読み物教材の登場人物の心情理解のみに偏り、「あなたならどのように考え、行動・実践するか」を子供たちに真正面から問うことを避けてきた嫌いがあることを背景としている。このような言わば「読み物道徳」から脱却し、問題解決型の学習や体験的な学習などを通じて、自分ならどのように行動・実践するかを考えさせ、自分とは異なる意見と向かい合い議論する中で、道徳的価値について多面的・多角的に学び、実践へと結び付け、更に習慣化していく指導へと転換することこそ道徳の特別教科化の大きな目的である。

○　義務教育においては、従来の経緯や慣性を乗り越え、道徳の特別教科化の目的である道徳教育の質的転換が全国の一つ一つの教室において確実に行われることが必要であり、そのためには、答えが一つではない、多様な見方や考え方の中で子供たちに考えさせる素材を盛り込んだ教材の充実や指導方法の改善等が不可欠である。

○　なお、道徳科は、改めて、教育課程全体を通して道徳教育の成果を上げるために、その核となる役割を果たすことを求めて実施を図るものである。そのために、道徳科と各教科等との関係性を明らかにすることを通して、教育課程に占める道徳科の位置付けを明確にする必要がある。

○　このように、道徳の特別教科化を着実に実施するため、文部科学省には万遺漏なきよう諸施策に取り組むことを求めるものであるが、質的転換の進展状況を踏まえ、学習指導要領も含めた道徳教育の在り方については常に見直し、改善することが重要である。

○　次期改訂においては、先んじて導入された小・中学校における道徳科の内容を踏まえつつ、高等学校における道徳教育の在り方について、公民科等における内容の充実・改善と併せて検討を行うことが求められる。

（略）

6．今後の検討スケジュール等（略）

た　行

な　行

は　行

ま　行

や　行

ら　行

わ　行

アルファベット

索　引
（＊は人名）

あ 行

か 行

さ 行

特別の教科　道徳Q&A

2016年8月10日　初版第1刷発行　〈検印省略〉
2017年3月20日　初版第2刷発行

定価はカバーに
表示しています

編　者　松本美奈
貝塚茂樹
西野真由美
合田哲雄

発行者　杉田啓三

印刷者　藤森英夫

発行所　株式会社　ミネルヴァ書房

607-8494　京都市山科区日ノ岡堤谷町1
電話代表（075）581-5191
振替口座　01020-0-8076

亜細亜印刷

ISBN978-4-623-07740-3
Printed in Japan